Treasures for Scholars Worldwide

桂學文庫·廣西歷代文獻集成

廣西名勝志

潘琦 主編

廣西師範大學出版社
GUANGXI NORMAL UNIVERSITY PRESS
·桂林·

圖書在版編目（CIP）數據

廣西名勝志 /（明） 曹學佺著. —桂林：廣西師範大學出版社，2012.12
（桂學文庫. 廣西歷代文獻集成 / 潘琦主編）
ISBN 978-7-5495-3023-6

Ⅰ. 廣… Ⅱ. 曹… Ⅲ. 名勝古迹—廣西
Ⅳ. K928.706.7

中國版本圖書館 CIP 數據核字（2012）第 288684 號

廣西師範大學出版社出版發行
（廣西桂林市中華路 22 號　郵政編碼：541001
網址：http://www.bbtpress.com）
出版人：何林夏
全國新華書店經銷
廣西民族印刷包裝集團有限公司印刷
(廣西南寧市高新區高新三路 1 號　郵政編碼：530007)
開本：787 mm ×1 092 mm　1/16
印張：32.5　　字數：520 千字
2012 年 12 月第 1 版　　2012 年 12 月第 1 次印刷
定價：600.00 元

《桂學文庫·廣西歷代文獻集成》編輯委員會

總序

潘琦

21世紀以來，隨著各地社會經濟的快速發展，與之相呼應的地域文化研究蔚然興起，呈現出多種地域文化研究競相迸發、研究成果累累、各種學理學説迭出的生動局面，有力地推動與彰顯著社會主義文化的大繁榮、大發展。廣西桂學研究，即誕生在這一時代大背景下。桂學是廣西最為重要的文化地標之一，它以廣西社會、歷史、文化、思想、藝術、科技、工藝等為研究對象，是具有鮮明廣西地方特色和民族特色的理念和學説的總和。桂學作為『學』，是一種能正確地、合理地呈現廣西客觀社會歷史文化與現實文化的系統知識的學問、學理和學説。

桂學研究無論是在時空上，還是在範圍及内容上，都是一個龐大的、系統的、廣泛的工程。其中，對廣西歷史文化的研究，是桂學研究的首要任務和重要内容。而對歷代形成並留存至今的關涉廣西的文獻遺存進行系統的整理、研究、保護、出版，又是進行歷史文化研究的首要內容，是保證桂學研究能够持續深入推進的學術基礎。爲了全面、系統地整理相關文獻資料，廣西桂學研究會成立後，特在內部設置了古籍整理出版委員會，職司廣西歷代文獻的整理出版與保護工作。《桂學文庫·廣西歷代文獻集成》叢書的策劃與啟動，便是這項工作的重要成果之一。

桂學研究會由何林夏、蔣欽揮兩位副會長牽頭，組織專家學者開展了卓有成效的工作，在廣西壯族自治區圖書館、廣西壯族自治區桂林圖書館及廣西師範大學圖書館、廣西師范大學出版社以及有關單位的大力支持與積極協作下，意在蒐集現存的所有廣西古籍的《桂學文庫·廣西歷代文獻集成》將陸續出版，爲桂學研究提供源源不斷的堅實史料支持。桂學研究會將在一個較長的時間內，集中力量，籌措資金，全面、系統、整體、有序地推進整理出版工作的持續進行，希望藉助於這種長期務實的工作，爲桂學研究向更深、更廣的方向發展，提供翔實、系統、完整、可靠的史料，推進桂學研究各項事業的持續繁榮。

以整理、研究、保護傳統文化為出發點的古籍出版，在一定程度上起著繼承、弘揚地域歷史文化的作用。古籍作為歷史文化的重要載體，其本身即是珍貴的歷史文化遺産，它不僅記載著歷史發展的生動進程，同時也集自然之美與人文之美於一體，書於竹帛的歷史記載、華美辭章是我們瞭解歷史、解讀歷史、研究歷史、承繼民族優秀文化的主要途徑、可靠依據、重要史料。《桂學文庫》的整理出版，更因廣西本身鮮明的地域性、民族性特徵，而具有顯著的多重價值。

一、研究性價值。桂學研究以研究廣西歷史文化為切入點，即首先需要研究廣西文化的産生、源流、特色，探討廣西歷史文化與其他地域或國域歷史文化之間的關係。為此，需要通過廣視角、多層面、全方位的探討，以究明廣西歷史文化發展的脈絡，做到知根知柢。先秦時期，廣西為百越之地，秦統一嶺南後，廣西開始行政建置納入統一國家的版圖，並出現於此後各種史料的文字記載中，經歷代的文化積澱，已經形成了大量的文史文獻資料與考古資料。這些遺存流傳至今，都是廣西地域文化的珍貴財富，更是建立和支撐桂學研究的寶貴財富。我們通過對這些資料進行系統、全面的整理出版，並在此基礎上開展全面的研究與考察工作，將有利於加深對廣西文化的源流、性質、内涵、特徵、地位及影響等的理解，得出符合歷史實際和歷史文化發展規律的結論。同時也能為社會學、民族學、歷史學等領域的研究提供豐富的研究素材，為文化研究的多學科共同繁榮作出積極的貢獻。

二、教育性價值。古籍兼具知識性與情感性學習兩種功能。中華文化歷經千年，其所積澱留存下來的古籍，包羅萬象，博大精深，通過對存世古籍的閱讀，有助於我們加深對古代文化的理解與體驗，掌握古代人文知識、古文知識、古人寫作技巧，領略古文之精彩，增進對地方發展史的瞭解與認識。與此同時，通過對古籍中所記録的重要歷史人物的人生經歷、治學經驗、高尚思想品德和自强不息的成長道路的認知，對於今天提高我們自身的精神境界和文明修養，都會是一種有益的啟迪與教育。

三、開發性價值。古籍作为歷經千年的文化積累，有著豐富、深厚的文化内涵，蘊含著先人的智慧，同時保持著原創性、傳承性、地域性、多樣性的特點。通過對古籍所記載歷史文化等内容的研究，今人可以擷取其精華，作為現代文化藝術創作的藝術源泉與靈感來源、拓展文藝創作題材、開發文化資源、創新文化産業，使先民的文化生命通過古籍的傳遞，重新生發出新的藝術活力與價值。

當然，任何事物都因産生於具體的歷史空間而不可避免地被自身的歷史性所局限，産生於歷史中並留存至今的古籍也是如此。面對種類繁多的古舊典籍，需要我們用批判、借鑒的眼光去加以審視，要本著去粗取精、去偽存真、古為今用的原則，充分發掘其所具有的優秀文化價值。今天，我們重要的任務之一，即是從精神上、思想上接應優良傳統，並通過繼承優良傳統而獲取更多的精神與思想資源。歷史不能複製，它只屬於它具體存在的那個空間和那段時間，但歷史又永遠不會消失，只要人類生命還在繼續，歷史就必然活躍在人們的精神生活裏，並影響著人类文明的繼續向前發展。

我們希望以《桂學文庫·廣西歷代文獻集成》相關整理成果的持續不斷出版，向世人展示廣西優秀的歷史文化資源與人文傳統，能為方興未艾的桂學研究提供充足的資料支持，為桂學研究的向更深更廣推進有所貢獻。希望桂學研究能在繼承吸收廣西優秀的歷史文化遺產的基礎上繼往開來、勇於創新，服務於今天廣西文化的大發展、大繁榮的歷史需要。

出版説明

廣西桂學研究會自2010年成立以來，即將整理出版廣西歷代留存至今的各類文獻列為學會的重要工作内容之一，並成立了專門的出版委員會職司其責，其動議之一，便是協調所有從事及志於研究、整理、保護的單位、個人、專家、學者，共同促成《桂學文庫·廣西歷代文獻集成》的整理出版。

本套叢書的宗旨，是想通過整理出版歷代形成現仍存世的桂人文獻及關涉廣西的文獻遺存，為從事桂學研究的學者提供推進研究所需的翔實、可靠、系統、全面的資料，為桂學能在學者們持續不斷的長期研究中向深廣發展打下堅實的文獻基礎。

面對歷代留存至今種類繁多、卷帙浩繁的廣西文獻，本書在編排上以著者為主綫，通過查考相關資料著録及文獻存藏信息，努力將同一著者存世的全部著作蒐羅淨盡，匯為一書。

在出版形式上，本書採用整理一種、出版一種的方式，以及時向學者提供各类文獻，並希望憑借這種方式聚沙成塔、集腋成裘，最終將關涉廣西的文獻遺存全部展現於桂學研究者面前。為保持相關文獻的真實性，避免因整理不當而對原文獻造成的誤讀與誤解，本套叢書對納入整理範圍的文獻，採用全文影印的方式出版，旨在為學者的研究提供最本真、最可信的資料形態。與影印存真相應，我們也組織相關領域的專家學者，為所整理的著作，按照統一的格式撰寫了解題，冠於各書首册。解題的主旨：一則簡述著者生平等信息，使用者可據此對撰著者有一直觀的瞭解；二則簡介歷代目録著録情況並著作的主要内容，以明文獻傳承源流與撰著主要價值所在。

我們希望本套叢書的出版，能為桂學研究的發展繁榮提供充足的文獻支持，為桂學研究向深廣推進貢獻一份心力。桂學研究，首先是對廣西傳統文化與歷史的繼承與吸收，其更重要的意義，則在於在繼承基礎上的開拓創新，推進今天廣西文化的繼續發展，如果本叢書的整理出版能够起到其應有的作用，我們將深感與有榮焉。

解題

《廣西名勝志》十卷，明曹學佺撰，明崇禎三年（1630）閩中曹學佺家刻本，今編為一册。

曹學佺（1574—1646），字能始，一字尊生，號石倉，又號大理，別號雁澤，晚年自號西峰居士，明福建侯官（今福建閩侯）人，文學家、藏書家。曹學佺自幼聰穎，勤學好古，明萬曆二十三年（1595）參加殿試，是年策問的題目為『車戰』，曹學佺生於南方，不懂車戰，請求以『舟戰』對答，經考官同意後，詳述『舟戰之法』，深得主考官張位的好評，得中進士，授户部主事，不久即校印《十三經注疏》，名震京城。三十四年（1606），陞任南京户部郎中，與陳邦瞻、臧懋循等名士結金陵詩社。三十七年（1609）調任四川右參政，三十九年（1611）擢陞按察使，四十一年（1613）在四川任上被削官三級遣送返鄉。四十六年（1618）始，用心搜求資料，著手編纂《大明一統名勝志》。天啟三年（1623）出任廣西右參議，

『起家粵西』，攜《大明一統名勝志》中直隸、山東、山西、兩廣諸稿以往，公餘則編摩讎校，燭見跋不休。天啟六年（1626）遷陝西副使，未及行，為閹黨劉廷之參劾。曹學佺曾撰《野史紀略》，詳載梃擊案本末，劉廷之劾其私撰國史、淆亂國章、誹謗先帝，遂削籍，燬所鏤板。家居二十年，著書所居石倉園中，為《石倉十二代詩選》，盛行於世。嘗謂『二氏有藏，吾儒何獨無』，欲修『儒藏』與鼎立，遂採擷四庫書，因類分輯，十有餘年，功未及竣，兩京繼覆。崇禎十七年（1644），聞京師陷，投池中，為家人救，不死。清順治二年（1645）閏六月，唐王朱聿鍵立於閩中，稱監國，改元隆武，曹學佺覲見，唐王曰『海內鴻儒也』，起授太常卿，尋遷禮部右侍郎兼侍講學士，進尚書，加太子太保。清順治三年（1646）八月，唐王敗於汀州，曹學佺與齊巽、朱友桐方議城守，九月十七日清兵入城，曹學佺『沐浴整衣冠，縊於西峰里第』，年七十有四。清乾隆十一年（1746），於其逝世百年時，追謚『忠節』。

曹學佺好讀書，家富藏書，博識洽聞，著述不輟，一生『好學彌篤，丹鉛黑槧，湘帙縹囊，無時去手』，於文學、地理諸方面皆有卓越成就，尤以詩詞為勝，文人學者對其詩多有較高評價。王士禎《池北偶談·談藝》云『明萬曆中年以後，迄啟、禎間，無詩，惟侯官曹能始宗伯學佺詩，得六朝、初唐之格，一時名士如吴兆、徐桂、林古度輩皆附之，然海内宗之者尚少。錢牧齋所折服，惟臨川湯先生義仍與先生二人而已』。王士禎不僅佩服他的詩才，更佩服其治學之謹嚴、氣節之高古，云『能始官四川參政，與監司謁撫按，必於館中別設一几，隸人置書几上，對衆一揖，即就几批閲，不交一言，其孤亢如此。晚年大節如江萬里，尤不可及』。錢謙益《列朝詩集》云：『能始具勝情，愛名山水，卜筑匡山之下，將携家往居，不果。家有石倉園，水木佳勝，賓友翕集，聲伎雜進，詩酒談宴之樂，近世所罕有也。』王鴻緒於《明史》曹學佺本傳云『閩中之風，明初為盛，至萬曆中再盛，自學佺倡之，晚年更以殉節著云』。曹學佺一生著述頗豐，傳世著作不下二十種，有《五經困學》九十卷、《蜀中廣記》一百八卷、《大明一統名勝志》二百八卷、《石倉詩文集》二十一卷、《石倉詩稿》三十三卷等傳世。生平事具《明史》卷二百八十八《文苑傳》本傳，參見徐延壽《大宗伯曹能始先生挽幛一百八十韻》等。

《廣西名勝志》十卷，明崇禎三年閩中曹學佺家刻本，存七卷，卷一至卷三影寫鈔配。半葉十行，行十九字，雙行小字同。左右雙邊，白口，單黑魚尾，書口上端鐫『廣西名勝志』，版心鐫卷次及葉碼，無本版大小字字數，無書耳。框高一九五毫米，寬一四二毫米。卷首冠明天啟二年（1622）曹學佺撰《廣西總敘》，正文首卷首行題『廣西名勝志卷之一』，次行題『閩中曹學佺能始撰』。綫裝一函四册，開本高二五七毫米，寬一六一毫米。

卷首《廣西總敘》據周去非《嶺外代答》、馬端臨《文獻通考》、魏濬《西事珥》等書，敘述唐至明廣西之建置沿革，並考證五嶺之名稱、位置。其中敘述元末明初廖永忠、朱亮祖取桂林靖江城之事頗詳，可補正史之不足。《廣西總敘》末述廣西行政區劃，云『今制廣西桂林府，屬桂林道，平樂府屬府江道，梧州府屬蒼梧道，柳州、慶遠、思恩三府屬右江道，潯州、南寧、太平三府屬左江道。其蒼梧、左右江道俱守、巡分治之，惟桂林、平樂則總一分守，故守道曰桂平道』。

正文各卷首列府、州、縣名，並於其下雙行小字明其位置，次據正史述其建置沿革；次敘名勝古跡，述其位置、特點，有石刻、題名、碑誌者，書其内容等。卷一為桂林府（附省），領州二縣七，首桂林府，次臨桂縣（附郭）；卷二為桂林府所屬州二縣六：靈川縣、興安縣、陽朔縣、全州（領縣一）、灌陽縣、永寧州（領縣二）、永福縣、義寧縣；卷三為平樂府，領州一縣七：平樂縣（附郭）、賀縣、荔浦縣、富川縣、恭城縣、脩仁縣、昭平縣、永安州；卷四為梧州府，領州一縣九（按：正文誤標為『領州一縣十』）：蒼梧縣、藤縣、容縣、岑溪縣、懷集縣、鬱林州（領縣四）、博白縣、北流縣、陸川縣、興業縣；卷五為柳州府，領州二縣十：馬平縣、雒容縣、羅城縣、柳城縣、懷遠縣、融縣、來賓縣、象州（領縣一）、武宣縣、賓州（領縣二）、上林縣、遷江縣；卷六為慶遠府、思恩府，慶遠府領州一縣四：宜山縣、天河縣、河池州（領縣二）、思恩縣、荔波縣，思恩府領縣一：武緣縣；卷七為潯州府，領縣三：桂平縣、平南縣、貴縣；卷八為南寧府、太平府，南寧府領州三縣三（按：正文誤標為『領州三縣二』）：宣化縣、隆安縣、横州、永淳縣、新寧州、上思州，太平府領州四縣一：崇善縣、左州、養利州、武康州、上石西州；卷九為右江土司，分屬慶遠府、布政司：慶遠府轄南丹州、東蘭州、那地州、忻城縣、永順長官司、永定長官司，鎮安府、湖潤寨、田州、上林縣、向武州、富勞縣、奉議州、泗城州、歸順州、安龍長官司、上林長官司、上映峝、思恩九司直隸布政司；卷十為左江土司，為潯州府轄武靖州（舊為上隆州），南寧府轄歸德州、果化州、下雷州、忠州，太平府轄太平州、思成州、安平州、萬成州、上下東州、鎮遠州、都結州、全茗州、茗盈州、思同州、龍英州、結安州、佶倫州、思明州、羅陽縣、陀陵縣，直隸布政司的思明府、下石西州、江州、羅白縣、利州、思陵州、龍州、憑祥州。

《廣西名勝志》正文中多處使用『○』、『□』、『〔〕』等符號，使得全文層次清晰，簡單明瞭。敘各地名勝古跡，以『○』冠其首，以明條目之終止；敘石刻、題名、碑文，有引文則以『〔〕』標示其内容或出處；一條之下，再分細目，或下按語，則以「□」冠其首。

《廣西名勝志》節自曹學佺撰《大明一統名勝志》。《大明一統名勝志》，又名《輿地名勝志》、《大明輿地名勝志》、《天下名勝志》，全二百七卷首目録一卷，綫裝八函九十四册，别有裝為十八册、五十册、五十四册、八十二册者。據《善本書志初稿》著録，劉承幹嘉業堂曾藏此書全帙，首册内封題「大明一統名勝志」，右刻「曹能始先生著」，右下鈐「東壁齋劉瑞宇發兑」朱文長方印，左下刻有「本衙藏板，如有翻刻，千里必究」雙行小字。首册首卷卷首冠《大明輿地名勝志自序》，末署「崇禎三年歲次庚午首夏之朔三山曹學佺能始撰」，書口上端題「大明名勝志」；次《大明一統名勝志目録》，書口上端題「名勝志目録」。正文各卷卷端無統一總名，正文首卷卷端題「直隸名勝志」，次行題「閩中曹學佺能始著」，版心鐫卷數、葉碼及刻工姓名。全書凡北直隸十二卷，南直隸二十卷，山西八卷，陝西十三卷，河南十二卷，山東九卷（遼東附九卷中），江西十三卷，浙江十一卷，福建十卷，湖廣十七卷，四川三十四卷，廣東十卷，廣西十卷，雲南二十四卷，貴州四卷，通計得二百七卷首目録一卷。

曹學佺自序云，得宋樂史《太平寰宇記》、祝穆《方輿勝覽》，後入蜀著《蜀中廣記》，並得楊用修家藏鈔本王象之《輿地紀勝》諸書，觀四庫諸書凡可為各省山川名勝資者，悉標識其端。萬曆四十六年(1618)始，有志著《大明一統名勝志》，遂廣徵諸郡縣誌，後於宦遊之際，博訪群書，如嘉靖以前行省總志、州縣方志。積十餘年之力，隨手編著，積有七篚，於明熹宗天啟七年(1627)方成《大明一統名勝志》二百七卷首目録一卷，於崇禎三年版行。

《大明一統名勝志》書成后，刻本流傳較少。清末民初繆荃孫曾藏一部，存一百七十二卷，其餘內容為繆荃孫雲自在龕影寫鈔配本，並有繆荃孫所作校語，後此書歸藏中國科學院圖書館。傅增湘曾得此書殘帙，存一百七十三卷，後見全本九十四册，為其好友朱逖先得，傅增湘借以鈔配，後傅本歸藏國家圖書館。《欽定四庫全書總目》著録此書云『《輿地名勝志》一百九十三卷，江蘇巡撫採進本』，查

《江蘇採輯遺書目録》云『《輿地名勝志》二百八卷，明廣西副使侯官曹學佺著』，而《欽定四庫全書總目》著録為一百九十三卷，當係館臣誤計。邵懿辰《四庫簡明目録標注》、莫友芝《郘亭知見傳本書目》批注皆作『天下名胜志一百九十八卷』，殆非完帙。

《欽定四庫全書總目》譏其雜採而成，頗無倫次。孫星衍《廉石居藏書記》卷上『天下名勝志五十册』條云：『《太平寰宇記》已缺八卷，《輿地紀勝》則不録在四庫書，近時始出，而卷數亦缺。學佺著書時，得見其全，所載足補樂史、王象之之書所未備。明時古刻書多不存，書中多引地理古書，亦出於三書，尤可取也。體例仿《元和志》、《寰宇記》，止載城邑、山川、宅墓、名蹟，不記名宦人物，最得古人地志之法，絶勝《明一統志》。明人著述善本，此為第一矣。板久不存，後人寶之。』楊守敬《晦明軒稿》卷下『輿地名勝志一百九十三卷』條云：『其採摭郡縣方志甚備，且多祕文墜册，自《提要》有「頗無倫次，時亦舛訛，不著出典」之誚，附於存目之中，其聲稱遂微。自全謝山、趙一清校《水經注》、孫淵如《續古文苑》，多所取資，好古者始稍稍重之。余謂他不具論，即其將《水經注》分縣割隸，此非熟於古今沿革、心有識别者而能爲之乎？唯其著書之意不在沿革古跡，而在於名勝。名勝爲古所無者，不得不取近代方志，故不著所出，意欲成一家言。然其引唐以前古書，又未嘗不載出典也。平心論之，上擬《元和郡縣誌》、《太平寰宇記》誠不足，以視祝穆《方輿勝覽》、王象之《輿地紀勝》，則爲簡而要矣。全謝山謂其引《水經注》與今本多異，又有出於今本之外者，遂疑石倉所見《水經注》有出於樂永言之前者。此則不然。良由石倉用力於地學甚久，於《水經注》必别有校本，其附入此書，未暇著明其説。』傅增湘《大明一統名勝志跋》云：『學佺家富藏書，宦轍四方，更窮搜力訪，如嘉靖以前行省總志、州縣方志，今日懸兼金而不易致者，當時咸得取備，宜其取精用宏，成兹偉著也，又況《寰宇記》、《輿地紀勝》在今日頗有缺卷，而學佺尚及見其全，尤足補樂、王二家所未備，則是書之足重，不第以蒐採鴻富見長也。第閩中僻在海隅，傳播未廣，成書未幾，即逢鼎革，學佺身殉國難，版久不存。淵如在百年以前已極言其罕覯，推為名人著述第一善本，在今日宜更稀如星鳳。』

《廣西名勝志》所載內容宏富，條理明晰，且多引明後散佚不存之書，諸多條目可補史籍之不足，確可以作為研究廣西史志、名勝的重要參考文獻，故本書據以影印。需要説明的是，收藏單位藏本書全十卷存七卷，卷一至卷三係原藏者據相同版本影寫鈔配補全。另，本書影印時抽印《大明一統名勝志》卷首所冠曹學佺自序，及《大明一統名勝志目録》中與廣西相關的部分，冠於卷首，以資讀者考索《廣西名勝志》成書過程及內容體例。本書在整理中為便於讀者使用閱讀，對原書無文字內容的白頁作了統一刪除，其他未做改動。此外，由於古籍刊印過程中印製條件的限制，以及後世保存中的一些客觀原因，部分底本文字偶有漫漶，在現代技術允許的條件下作了一些處理，其他則一仍其舊。

馬豔超

廣西名勝志

大明輿地名勝志自序

予初得太平寰宇記抄本爲宋太平興國間宜黄樂史所撰上者又得建溪祝穆所編方輿勝覽盖麻沙

書坊板也常置在案頭新安汪仲嘉過而謂予曰是可隱括而成書也予領之尚未得其肯綮既入蜀作蜀中廣記當弋材于二書

又得楊用脩家所抄秘閣東陽王象之輿地紀勝象之兄爲蜀漕故于蜀事尤詳然予在金陵時叽觀四庫諸書凡可爲各省山川

名勝資者悉標識其端積有七簏用二十夫之力舁以相隨未幾出峡還閩簡點舊篇多所殘缺意緒都闌庋之高閣而已一日謝

在杭過謂予也此書若殘
兵敗卒就若畀我成一大
隊予曰誠奬但予十數年
以来歆撰一種書耿々于
懷未之或忘倘再歷幾星

霜予老矣不能更爲僂可相付又過一載江西方伯李友卿寄宗侯欝儀水經注箋予亟取而讀之其所有者正不必有其所無者

正不必無予文憒懣而不
之快偶有縉紳便覽一部
畧爲箋釋于左曰此水經
之某州縣也以今㨾古合
者什七其所不合姑竢後

来于是感觸前念而作是
書津〻予不能自已矣蕭
友吳明遠館予浮山回示
以裁割之法臚列勾股若
陳肆焉余耴而綴附之材

料既倫位置得所乃與爻人陳汝翔諸文汝載約曰自北直隸陝西山西河南山東南人足跡所罕到予以計偕筮仕祝釐之役頗

大明輿地名勝志　序　七

得涉歷而流覽焉自南直
隸江西浙江閩廣則請分
任之廣西雲貴載籍頗稀
余旁而蒐采之蜀中惟是
廣記所輯者稍删潤之而

已于是復徵諸郡縣誌南直隸余宦金陵時購而有之河南湖廣鄉先荐紳有存積者其裔轉以售余而山東浙江江西則葎公中

丞謝公方伯汪陳二侍御
之巡方時所有也但非直
隸山陝二廣苦不能多余
偶閱盱江新志左侍御督
學畿輔晚年之嗣以其書

籍送貯府庫余癸亥歲恝
家粤西取道于斯先以喻
兮奮陳有羮二君往回借
而裒錄之二廣則爲總督
胡公檄取而桂林張公羽

王家藏充夥羽王有西遷
集蓋其謫四川利州衛時
自河南入潼關循子午道
而出漢中復濟河登龍門
而返蓋有司馬公之風焉

所過必徵其典乘故實若
爲余今日地也雲南則通
志之外益以郭司馬黔記
謝在杭滇略亦足以成書
矣已上諸書闕一不成余

皆浮之似有天幸且余入
粵時寔携直隸山陝二廣
諸稿以往公餘則或編摩
讐校燭見跤不休越丙寅
余被糾削籍臺檄追書板

甚亟家人欲盡焚其書籍

余在倉卒之中猶抱此書

而出後憶曩歲削稿于淼

軒一夕爲倫兒挈篋以行

萬無還理而不意其悔心

之萌也予始愳而動剞劂
之想又遇患難歸家纔獲
竣事則又幸矣余觀古人
有所撰述必以廿載爲期
余自戊午而迄丁卯僅有

其半且爲行旅跋涉簿書
期會流離困苦所奪者十
之二三余才不逮昔而何
以功倍之乎余此十年内
飲食寤寐而不遑自安焚

亦藉是以攸攝其身心而
罔敢旁溢余固不能有所
裨益于是書而受書之益
也多矣書成而讀經讀史
讀詩若文如江河溝澮之

曲析咸知其所往而不迷
如爾雅之釋經傳奘是亦
六書之流也或者其少有
益于来學乎頤與同志者
商之旹

崇禎三年歲次庚午首夏之朔三山曹學佺能始撰

昌縣　會同縣　樂會縣已上俱屬府　儋州
昌化縣屬儋　萬州　陵水縣屬萬　崖州　感
恩縣屬崖

廣西省　其分鎮曰桂平道守巡俱駐省城　府江道駐劄
平樂府　蒼梧道守駐梧州府巡駐鬱林州　左江道守駐潯州府巡駐南
寧府　右江道守駐柳州府巡駐賓州

桂林府領州二縣七
臨桂縣　靈川縣　興安縣　陽朔縣已上俱屬
府　全州　灌陽縣屬全　永寧州　永福縣
義寧縣已上屬永寧

平樂府領州一縣七

平樂縣　賀縣　荔浦縣　富川縣　恭城縣　修仁縣　昭平縣　永安州

梧州府領州一縣九

蒼梧縣　藤縣　容縣　岑溪縣　懷集縣已上徑屬府　鬱林州　博白縣　北流縣　陸川縣　興業縣已上屬鬱林

柳州府領州二縣十

馬平縣　雒容縣　羅城縣　柳城縣　懷遠縣　融縣　來賓縣已上徑屬府　象州

武宣縣（屬象） 賓州 上林縣 遷江縣（已上屬賓）

慶遠府（領州一縣四）

宜山縣 天河縣（已上徑屬府） 河池州 思恩縣

荔波縣（已上屬河池）

思恩府（領縣一）

武緣縣

潯州府（領縣三）

桂平縣 平南縣 貴縣

南寧府（領州三縣三）

宣化縣 隆安縣（已上徑屬府） 橫州 永淳縣

屬橫新寧州 上思州

太平府領州四縣一

崇善縣 左州 養利州 武康州

上石西州

右江土司

南丹州 東蘭州 那地州 忻城縣 永

順長官司 永定長官司已上慶遠府轄 鎮安府

湖潤寨 田州 上林縣 向武州 富

勞縣 奉議州 泗城州 歸順州 安隆

長官司 上林長官司 上映峝 思恩九

司（已上直隸布政司）

左江土司

潯州府轄　武靖州舊爲上隆州　南寧府
轄　歸德州　果化州　下雷州　忠　州
太平府轄　太平州　思城州　安平州
萬承州　上下凍州　鎮遠州　都結州
全茗州　茗盈州　思同州　龍英州　結
安州　佶倫州　思明州　羅陽縣　陀陵
縣　直隸布政司　思明府　下石西州
江州　羅白州　利州　思陵州　龍

州　憑祥州

雲南省　其分鎮曰安普道守巡俱駐省城曲靖道駐劄該府臨沅道守駐興安巡駐路南州兵道駐臨安府洱海道守駐姚安府巡駐楚雄府兵道駐洱海衛金滄道守駐鶴慶府巡駐大理府金騰道駐永昌府

雲南府領州四縣九

昆明縣　富民縣　宜良縣　羅次縣已上徑屬府　晉寧州　歸化縣　呈貢縣已上屬晉寧　安寧州　祿豐縣屬安寧　昆陽州　三泊縣　易門縣已上屬昆陽　嵩明州

廣西總叙

文獻通考有嶺外代荅十卷永嘉周去非直夫撰所記皆粤西事據云唐分天下爲十道二廣不分東西元和郡縣志以唐分嶺南安南桂管邕容爲五府各置經畧使而嶺南節度治廣州是合廣南五管並隷廣州亦不分東西矣至懿宗咸通三年始陞邕管爲西道節度使而東西乃分宋江應辰題名紀云國初合二廣爲嶺南道至端拱元年監察御史高象先爲廣西轉運使廣西分部命使實始於此皇祐中儂智高平詔狄青分廣西邕宜融

為三路守臣兼兵馬都監而置經略安撫使於桂州以統之此今者粤西開府之制也宋朝會要云大觀三年以黔南路併入廣西為一路以廣西黔南路為名依舊桂州為帥府四年仍舊稱廣南西路張維廣西郡邑記云以漢志考之今之東路即漢之南路桂陽郡與夫桂陽郡之五縣曰桂陽湞陽含洭陽山曲江是也蒼梧郡之三縣曰高要端溪與夫廣信封陽俱屬焉其鬱林合浦珠崖儋耳四郡與天倉梧之七縣是西路而交趾九真日南自唐置安南都護歷五代遂為覊縻國此似今者

兩廣總督之制也按　國初交趾雖入郡縣屢叛不常至宣德間始棄之今僅修貢職不替而已○代答又云五嶺之說皆指山名考之乃入嶺之途五耳非必山也自福建入廣東之循梅一也自江西之南安入南雄二也自湖廣之郴入連三也自道州入廣西之賀縣四也自全入靜江五也○明督學使魏濬西事珥云五嶺考見丹鉛錄臺嶺之嶠在大庾騎田之嶠在桂陽都龐之嶠在九真萌渚之嶠在臨賀越城之嶠在始安則西粵已占嶺之三矣而廣州記謂大庾始安臨賀桂陽揭陽為

五嶺其説頗異淮南子以爲始皇利越之犀角象齒翡翠珠璣乃使尉屠睢發卒五十萬爲五軍一軍塞鐔城之嶺一軍守九疑之塞一軍處番禺之都一軍守南野之界一軍結餘干之水然粤西新来之外皆仰給東人所謂犀角象齒翡翠明珠未有一焉及考其地則鐔城在武陵西南九疑在零陵南野餘干在豫章大抵隔絶嶺表之路爾惟番禺一軍軍於越地故謂之處謂之都亦中外維絡控制使不得動之意非必利其所有也又唐置五管廣管桂管容管邕管瓊管屬之西者亦三○按

桂陽今郴州是有黃岑山在州之前一曰黃箱山即騎田之嶠其支曰折嶺者楚粤於此分界口萌渚嶠在富川縣北與楚之江華爲界水南北分流口始安嶠在興安縣界湘灕二源間相距百餘步即越城之嶠口臨賀嶺一曰桂嶺今謂在桂林者誤○漢武帝元鼎間以衛尉路博德爲伏波將軍出桂陽下湟水主爵都尉楊僕爲樓船將軍出豫章下湞水發十萬師討南越歸義越侯嚴爲戈船將軍出零陵下灕水甲爲下瀨將軍下蒼梧越馳義侯遺別將發夜郎兵牂柯咸會番禺獲其王建

德相呂嘉蒼梧王趙光降遂以其地爲蒼梧南海九真交趾等九郡葢伏波樓船兩路爲正師弋船下瀨攻蒼梧使自救而夜郎以備應援與秦五軍之意大畧相似○隋義寧間羅川令蕭詵稱兵江陵欽州刺史寧長真以鬱林附之始安郡丞李襲志堅守不下詵攻圍二載外無聲援城陷詵仍以襲志爲桂州總管復遣劉洎畧嶺表地得五十餘城勝兵四十餘萬唐武德初襲志約嶺南酋永平郡守李光度潛圖歸附高祖以書諭曰公朕之宗不可與異姓比宜及子弟並豫宗正屬籍是年以

李靖爲行軍總管討平蕭銑靖踰嶺至桂州分道
招慰下十六州襲志誘諸嶺南酋皆送款詔授靖
嶺南撫慰大使襲志爲桂州都督靖以嶺表遼遠
久不見德化非示禮義無以變風因延見長老宣
布恩意嶺表卒平○唐季方鎮擅命自相雄長楚
王馬希範割據靜江兼轄牂柯象郡南漢王劉晟
稱制番禺時修郤于楚周廣順間南漢遣內侍吳
懷恩攻敗楚師以兵畧定宜連昭賀桂柳象龔等
州盡有嶺西地宋開寶三年以潘美爲桂州行營
都部署師師代南漢劉鋹聞宋師至內外震恐乃

遣龔澄樞馳往賀州晝守禦策宋前鋒至芳林澄樞遁還遂圍賀州鋹遣伍彥柔將兵援賀潘美潛以奇兵伏南鄉岸彥柔夜泊南鄉艤舟岸側遲明挾彈登岸踞胡床指揮而宋伏兵卒起彥柔衆大亂因擒彥柔斬之梟其首以示城中城遂降美帥師次昭州破開建砦昭州刺史田行稠遁去城遂陷桂州刺史李承進棄城而奔美乘勝克廣州降劉鋹嶺南悉平 國初洪武元年

上以廖永忠為征南將軍以參政朱亮祖為副帥取廣東以平章楊璟左丞周德興參政張彬取廣

西因諭永忠曰兩廣之地遠在南方彼此割據民困久矣定亂安民正在今日若先遣人宣布威德以招徠之必有歸款迎降者可不勞師旅慎未殺掠廣東既平留兵鎮守仍與平章楊璟等合兵取廣西肅清南服在此一舉復諭璟等曰南方之地皆入版圖惟兩廣尚未歸附命爾等率荊湘之衆進取廣西兩軍合勢何征不克何堅不摧爾其務靖亂止暴撫綏順附使遠人畏服懋建乃勳毋替予命諸將皆頓首受旨五月永忠亮祖等既平廣州兵至梧州境元達魯花赤拜住率官吏父老迎

降時元吏部尚書普顏帖木兒張翱以便宜行事入廣西行次藤州聞永忠兵至欲募卒迎拒無有應之者既而聞州守吳鏞出降乃率所部百餘人走鬱林亮勒兵追之普顏帖木兒戰死張翱赴水死亮祖駐兵藤州於是潯貴鬱林容州以次皆降是時楊璟既克永州遂引兵抵靖江城下屯北關叅政張彬屯南關亮祖師師自廣東來會屯于東門象鼻山下攻城越二旬不下璟語諸將校曰彼所持者西城濠水耳當先取閘口關決其堤岸破之必矣諸將曰諾明日遣指揮使丘廣引輕兵攻

閘口關殺其守堤兵遂決堤濠水涸因築土堤五道與其城接以逼之元守臣也兒吉尼勢窮蹙其總制張榮與麾下裴觀以書繫矢射璟營約降期是夜二鼓觀縋城見璟備言城中儲積空虛人無鬪志可立取狀璟乃給白皮帽百餘俾歸爲識約四鼓從寶賢門入至期璟率衆登城曰殺人傷人及摽掠者死衆心遂安生擒也兒吉尼送於京師左江太平府土官黄英衍右江田州府土官岑伯顔等各遣使齎印章詣璟降　上既平廣西遣照磨藺以權諭兩江谿洞居民詔曰朕惟武功以定

天下文教以化遠人古先哲王威德並施邇遐咸
服者也睠茲兩江地邊南徼風俗質朴自唐宋以
來黄岑二氏代居其間世亂則保境土世治則修
職貢良由審時知機故能若此頃者朕命將南征
兩廣平定爾定不煩師旅奉印來歸嚮慕之誠良
足嘉尚今特遣使往諭爾其克慎乃心益懋厥職
宣布朕意以安居民自是兩江諸夷贄琛者恐後
云○魏濬西事珥曰古之部置方州皆因山川形
便與其道理遠近所宜故或因建瓴之勢以臨制
上游或順臂指之義以控運四外要歸於建威銷

萌以久治安而已若悉割兩江東包廉欽潯鬱以北盡乎宜柳之境屬之邕管使自為牧鎮此所謂臂指之義也則兩江谿峒可以馴服兩江既治雖以南畧交趾可也或曰如此則何以為廣西曰桂林故衡湘地也天文分野上屬翼軫九疑蒼梧之山形勢曼行首起衡嶽腹蟠八桂而尾達乎蒼梧湘灕二水分繞其下桂林據其上游若屋極然所謂建瓴之勢也衡永邵道桂郴諸郡綴附廣西并故所轄桂昭梧三郡統之其封畧故為不小矣今荆湖地理濶遠行部使者病不能徧歷或議欲析

之兩衡湘間數郡歲調兵食以給廣西葢猶屬之也若舉而移之經制一定為嶺服安危計慮久宜更無出於此○按張襄惠公序南寧志中有此論與秦置桂林象郡吴分荆交之意畧同唐設桂林邕州二都督府而宋平儂智高後邕州太守特兼經畧安撫之號兩江無事者近百年其效可覩矣異日西南多故必有行其説者○今制廣西桂林府屬桂林道平樂府屬府江道梧州府屬蒼梧道柳州慶遠思恩三府屬右江道潯州南寧太平三府屬左江道其蒼梧左右江道俱守巡分治之惟

桂林平樂則總一分守故守道曰桂平道而住以天啓二年起家降補兹職云

廣西名勝志卷之一總敘

廣西名勝志卷之一

閩中曹學佺能始撰

桂林府附省領州二縣七

史記秦始皇南取百粵置桂林象郡按象郡在今日南境桂林在兩江郡縣之間非今之桂林也漢書武帝元鼎六年改桂林郡爲鬱林今潯鬱二州其地咸有焉南史梁天監六年分廣州置桂林地亦不改大同六年改置桂州于始安郡督南桂林等二十四郡始爲今桂林矣始安郡在漢分屬零陵東漢建始安侯國于此三國吴耳露元年以零

陵南部置始安郡其時黄蓋為始安太守郡治多
所規拓晉宋齊陳皆因之至隋開皇中廢始安郡
嵗置桂州唐武德天寶之際始安郡及桂州更置
不常至光化間陞靜江軍節度使宋紹興已後之
靜江府元靜江路俱沿其額　國朝仍復桂林之
名以藩王為靜江府改靜曰靖二義亦相通○城
邑考云桂林子城在灕江之西周三里十有八步
高一丈二尺唐莫休符風土記以為唐初桂州總
管李靖所築○古外城唐蔡襲築方六里又有夾
城在外城之北周六七里光啓中都督陳環築○

古城六南曰寧遠俗呼陽橋北曰迎恩西二一曰平狄俗呼錢爐一曰利正俗呼沙塘其東二一曰行春俗呼上東門其一則子城之東江門宋皇祐中平儂智高之後經略余靖所築也王安石為之記今門增十二曰東鎮就日癸水麗澤武勝文昌寶賢西清安定而寧遠行春東江三門仍舊○榕樹門即古南門相傳為唐時築門上植榕一株歲久根生跨門內外盤錯至地分而為兩天成門狀車馬往來徑于其下　國初洪武八年展南城凡舊基率毀去惟存此門即楊基孟載詩榕樹城門

卻倒垂也○東江門有樓冠其上唐詩名東樓長史于邵九日陪廉使盧端公宴東樓有序今分守桂平道近此門故予詩云分司猶得近東江○東樓之北有樓曰逍遙宋之問登逍遙樓詩逍遙樓上望鄉關綠水泓澄雲霧間北去衡陽二千里無因鴈足繫書還宋崇寧初改為湘南樓取韓退之詩中語也李彥弼有記今碑見存碑陰刻逍遙樓三字以為顏魯公筆○唐人從城東至北建有三亭其一為東山風土記云府之東門有大亭枕江與望月樓相接最近子城口一為拜表亭風土記

云北接碧潯南連望月東俯長河西鄰雉堞前尚
書盧公匡建置口一爲碧潯亭接連道遥前近大
江館宇弘麗制作精緻高下敵谿冠諸亭院大中
初韋舍人瓘所刱也（曹鄴碧潯宴上有懷知己）荻
花蘆葉滿溪流一簇笙歌在水樓金管曲長人盡
醉玉簪恩重獨生愁女蘿力弱難逢地桐樹心孤
易感秋莫恠當歡却惆悵全家欲上五湖舟○陽
亭舊在陽江上廹西南城陽江之水入焉名曰陽
塘演漾數百餘畝岸帶樹陰州連芳杜夏月藕花
盛開芬郁特甚今折入貢院及督學公署十之三

四○宋之問故宅在城南二里即玄山觀也宋雍熙間刺史柳開玄山觀記云唐景雲初宋公南遷愛其清致卜爲軒榭歿後夫人孫氏捨爲觀後五十餘年夫人族弟倉部郎中成來爲刺史命開記之後易爲真山觀○曹鄴宅在市西門阜則坊鄴字鄴之本陽朔人唐大中登進士第後遷於此觀察令狐綯以鄴所居改爲遷鶯坊○趙觀文故宅在城西門外進賢坊舊臨桂學趾觀文臨桂人唐乾寧二年狀元○望秦驛舊設于城北葢古秦城在城北八十里灕灕二水間也唐柳子厚集有城

北望秦驛手開竹徑至釣磯留待徐容州詩云幽逕為誰開美人城北來王程倘餘暇一上子陵臺至宋時改為桂州驛咸平初陳堯叟為轉運使以嶺西風俗病者禱神不服藥乃集驗方刻石于驛內今復移之稍東因改為東江驛口魏濬嶠南瑣記云東江驛去虞山西南三百步黃澤由癸方來注之滙為靜流東與灕江隔一洲洲上蒔楚萋密兩驛前竹樹林樾交接互映渌水一灣澄泓如染了無塵坌之態○舊始安郡及桂林郡廨俱在獨秀山下　國初建置藩封乃移于譙樓街北唐李

義山詩有曰既載從戎筆仍披選勝襟瀧通伏波
柱簾對有虞琴宅與巖城接門藏别岫深閣涼松
冉冉堂靜桂森森明指獨秀山也○八桂堂在揭
帝塘上宋紹興中龍圖閣鄱陽程節建更熙春臺
泛淥閣俱在左右按揭帝梵稱也塘在癸水就日
二門之間方廣數畝獨秀伏波二巖蘸影其中今
亦藩郡垣而閉之堂久不存○漢張衡四愁詩其
一曰我所思兮在桂林欲往從之湘水深側身南
望涕沾襟美人贈我金琅玕何以報之雙玉盤路
遠莫致倚惆悵何爲懷憂心傷煩唐王昌齡送任

五之桂林〈楚客醉孤舟越水將引棹山爲兩鄉別
月帶千里貌羈譴同繪綸僻幽閒虎豹桂林寒色
在苦節知所劾按即任華也時爲李昌夔府中叅
佐〉〈杜甫寄桂州楊五〉五嶺皆炎熱宜人獨桂林樹
花萬里外雪片一冬深聞此寬相憶爲邦况好音
江邊〈送孫楚遠附白頭吟〉〈韓愈送桂州嚴大夫〉蒼
蒼森八桂兹地在湘南江作青羅帶山如碧玉篸
戶多輸翠羽家自種黃柑遠勝登仙去飛鸞不假
驂〈李商隱桂林即事〉城窄山將壓江寬地共浮西
南通絕域東北有高樓神護青楓岸龍移白石湫

殊鄉近河禱蕭鼓不曾休○金石録載唐桂州都督程元英碑李邕撰文張廷珪八分書大歷七年五月立○隋桂州總管陳莫顒墓誌正書無姓名武德八年十月○文獻通攷桂林風土記一卷唐融州刺史權知春州莫休符撰昭宗光化二年○桂林志一卷宋乾道五年靜江教授江文叔編時張維為帥撰次刋刻○桂海虞衡志二卷府帥吳郡范至能撰成大自桂移蜀道中追記昔游○桂林盛事記張仲宇撰字德儀紹興間人與石安民相為引重安民二弟安行安持俱能文里人號曰

三石

臨桂縣附郭

本漢始安縣吳立始安郡領縣七始安其一也唐武德初析置福祿縣貞觀省入始更今名○唐張籍送人之臨桂旌旆過湘潭幽奇得遍探涉城百粤地行路九疑南有地多生桂無時不養蠶聽歌難辨曲風俗自相諳戎昱桂城早秋遠客驚秋早江天夜露新滿庭惟有月空館更何人卜命知身賤傷寒舞劍頻猿啼曾下淚可是為憂貧宋陶弼送臨桂令戴若納出廣五嶺生還少無辭酒滿觴

共經邊寇事先出瘴煙鄉楚樹蟬聲早湖天日影
涼此行休問路宮闕斗杓旁○縣舊基在今府學
内即始安縣也唐時徙在郡治西南隅利正門下
國初移今所乃舊縣學基○獨秀山踞城内稍東
凝介獨立有端人正士之想國初考卜其陽為藩
邸朱扉四達周垣重遶蒼翠所及皆禁籞間地以
故形亭畫觀上出雲表下瞰清池最為諸山麗觀
馬山故刻有孔子像按圖似元人所為者起自唐
大歴中李昌巙為桂管觀察使建學其下設東西
序以居胄子備俎豆儀以親釋菜建中元年八月

二十八日監察御史裹行鄭叔齊爲之記口巖曰讀書以劉宋時始安太守顏延之讀書于此巖前有五詠堂鐫五君詠不具錄顏詩曰未若獨秀者峩峩郛邑間見鄭叔齊記内惜無全篇口桂海虞衡志云讀書巖在獨秀峰北傍周廻百餘丈豁然明朗有便房石榻石牖如環堵之室其西石壁垂乳潔白如雪有洞曰雪洞【題名】唐刑部員外郎孟簡元和元年三月三日遊宋朝奉郎通判桂州軍州事楊書思政和二年九月晦來孫覿北歸提點刑獄董莽招經畧安撫劉彦適轉運副使陳兗判

官趙子巖餞于蒙亭飯後登鐵牛寺塔徒步入藏院觀無盡老人畫像初寮道人書榜及讀書巖所刻五詠晚集於靜寄紹興四年十月十七日淳熙改元冬常恭曾遊開封王維則拉張信之啜茶巖下山主華公預焉淳熙十年歲次癸卯七月十九日題紹興甲戌三月二十七日知府事呂愿忠訪顏氏讀書巖瀹茗鼓琴襄由久之預者四人機宜劉襄監郡朱良獮司理葉仁宋乾道九年蔣時日新篆雙清室三字又有舊刻雪洞二字○桂山在府治東北三峰連屬拔起于前次峰宛轉後峰巃

嶔總之皆北山也巖曰疊綵明張羽王紀勝曰桂城直北重門夾山山分東行即爲疊綵有亭曰仙鶴又有越亭山穴透出北面因名北牖洞俗名風洞遠眺長江極目煙水唐會昌初元常侍晦時悠盤遊建大八角亭寫其真像而院即爲寫真院歌臺釣榭石室蓮池故稱絕景口明臨桂令葉繼熙雜識云疊綵巖在城北又東數百步斗徑紆環奇石累積山腰有洞南北相通穿洞出山北歷級而升巖石益奇聳有三巨峰列峙唐韓翃詩三峰亭暗橘邊宿即此也梯磴迴互遠眺群山作奔騰趨

躍之勢口元常侍記云按圖經山以石紋橫布彩
翠相間故名疊綵東行則枕壓桂水西巖有石門
中有石像故曰福庭又門陰搆齊雲亭迥在西北
曠視天表想望歸途北人此遊多軫鄉思直渚之
北有虛檻釣榭由此三逕各趨所抵左指山隈右
之僧舍爲寫真堂北鑿山逕可抵栖真洞其右小
支戟立四望故山名四望亭號銷憂亭之前後綿
絡山腹皆逕梁危磴以相因委其詩曰乏才叨八
使徇祿非三顧南服頒詔條東林證迷誤未聞述
職効偶脫嚚煩趣激水濬砌塘緣崖歒磴步西巖

煥朝旭深壑囊宿霧顥氣爽衣巾凉颸輕杖履臨
高神慮寂遠眺川原布孤帆迓汀煙翻鵁集江樹
獨探洞府靜怳若偓佺遇一瞬契真宗百年成妄
故壽顔石户啓杳靄溪雲度松籟韻宫商鶱翥勢
翔遡津梁危彴架濟物虚舟渡環流馳羽觴金英
妬粧燁笳吟寒壘迥鳥噪空山暮悵望麋鹿心低
迴車馬路懸冠謝陶令褫珮懷疏傅遐想蜕纓緌
徒慙邸孺袴福盈禍之倚權勝道所惡何必栖禪
關無言自真悟○夾北城而西是為寳華當山中
斷續以雉堞下有重門為西清寳積山自南來交

扼其口前巖東嚮爲華景華景之前横塘深廣晨
飄霞綺夕麗金波元常侍晦建亭曰巖光以巖拂
水而窮先也石屋平敞可布十筵其從翠壁上蟠
漸至峰首有諸葛祠從北至西城壁峻削皆斬崖
爲之雖石頭之險不能過焉唐以前謂西阜高起
名其地爲盤龍岡諸葛之祠無亦因是起輿口實
衡志云華景洞高廣如十間屋洞門亦然有石棊
局爛柯石元常侍巖光亭詩石静如開鏡山高若
聳蓮筍竿抽玉管花蔓綴金鈿亦長篇之斷璧也
臨桂雜識云華景石洞毗聯朱扉雙啓周廻完密

若寢室然窈窕深通紆轉徐折闇而復明盖洞之後別敞爲口耳附崖竹木掩映閒若仙居絶頂至諸葛祠臨高矚遠豁然一大觀云○隱山當央山南口潛洞出其東北西山屏其西南亂石疊盤北高南下中藏六洞洞皆有水溢出爲湖唐李渤石其洞之水曰蒙泉流水出山名曰蒙溪諸洞名曰朝陽夕陽南華北牖白雀嘉蓮各有隸書三字曩日湖光之勝具吳韋記中今廢爲平疇矣（吳武陵記畧云西出門里許得小山山下得伏流北上四十餘步得石門左右劍立自石門西行十步得北

洞如室清縹若繪上有石窓下望千山如指自石室東迴三步得巖有水泓然其色黑綠巖北路半穴如門出門有潭袤三十步潭有芰荷潭北十步得溪溪横五里徑二百步可方舟渺然有江海趣漁龍瀺灂鷗鷺浮泊如泰石門東南越小嶺石林危嶠夾聳自嶺下十步得東巖自巖口直下二十步有水淺莎細草如織南望有結乳其白擁雪自巖西南上陟飛梯四十級有碧石盆二乳竇滴下酌飲承之又陟梯九級得白石盆盆色如玉盆間有水香甘自然可飲十人還自石盆東北上又十

二級得石室乳穗駢垂繫之鏗然作金玉聲自室
北出四步直西南入小峽得内洞東有石室如畫
頂上方井翡翠輕緑便如澡繡自洞南下仰矚東
崖有凝乳如樓如閣如人如獸自樓閣斗下七步
次石渠渠深七十尺渠上爲梁曲折繚繞三百步
自梁直南抵絶壁斗下飛梯九盤及水水北崖石
閣峭甚綴以欄檻適堪宴息自石閣還上絶壁西
十步又得小洞傴行三十步左右壁有鍾乳或垂
或滴壁窮有石室多白蝙蝠出小洞北上二十步
得外洞壁下有石數十其面砥平間有凹罇琴薦

厥狀甚佐遊人列坐肅若水霞洞北七步臨西石門石門又西去三十九步得西洞洞深九十尺北崖可道可容一軌崖南有水若鏡纖鱗微甲悉堪數識自西洞口南去一矢得南洞洞西壁可識數十人其東有水輕風徐來微波蕩漾北上山頂盤曲五百步石狀如牛如馬如熊如羆劍者鼓者笙竽者塤篪者不可名狀石路四周而松蘿萃於西北其左又有一洞名廻龍洞中石橋貫出山背欄楯之上度以石盆承流不絕橋上別為洞門有崖石廣約半畝因之為亭榭舊建西山寺于上一名

資慶寺相傳宋崇寧間米芾爲臨桂尉任滿寓西山資慶寺與詩僧紹言遊有贈紹言詩序〔唐戎昱西山上陸大夫〕登高上山上高處更堪愁野菊他鄉酒蘆花滿眼秋風煙連楚郡兄弟客荊州早晚朝天去親隨定遠候〔宋孫抗題朝陽洞〕險絕信天開春蘿蔭古苔不愁雲影閉先得日光來片石充基局涼波逓酒盃東風偏著意草木爛成堆抗于六洞各有題詠不具錄〔題名〕河內李曾伯再牧桂之明年實開肇攺元上命三衢柴士表視邊隘竣事將還夏六月二十一日約憲倉四明豐灝兵帥

汪光朱廣用符離朱煥載酒千山觀訪招隱過仙
奕感今懷昔風物固忘恚也時大傘張空水花醮
碧相與徜徉其間清不受暑因得四十字并識諸
石○中隱山山城西南五里至則小溪淺碧可踐
而過循麓入巖巖有三重其下着地者最為廣平
上漸斬削然戴履純石瑩然朗淨無復下方埃壒
狀陟第三重據牖而望若游目天表暝煙歸鳥皆
從下飛侯山返照入巖轉光風自西來薄巖拂樹
與東麓僧菴鐘磬相和炊煙縷縷起叢薄間其傍
有木林村居人頗衆按中隱一作鍾隱土人曰佛

子巖以宋乾道間建有福緣寺爲僧祖華所居故
名題名元豐二年八月十八日劉宜父曾公冕苗
永孺僧紹簡遊括蒼曾定夫莆陽方孚若長樂陳
膚仲嘉定癸酉先重陽一日來遊詩境癸酉三月
三日遊詩境即孚若之別號蕭子敵向伯大王德
强呂叔舉鍾德元張聖泳鍾長卿王必大端平丙
申下元前二日來遊長沙鍾春伯豫章范旂叟端
平丙申歲十月既望前三日同遊臨川羅愚淳祐
辛丑中伏日約曹伯兒聶世用梁份魏牧楊羲仲
趙時頌陳噲汪知幾翁崇楓觀稼西郊至呂公巖

泛舟覽湖山之勝觀石湖南軒諸賢題字時雨初霽涼風先秋穡事可期因志其喜（陳鐸叔振周子榮景仁范得輿氏載趙孟適君啓淳祐辛亥前立春二日同遊○琴潭山在城西六里群山中有一小山巨石林立如鋸解刀削其下空洞成潭水流琮琤如琴筑聲前有小巖虛廣明潔石榻石琴各一具傍又有荔枝嵒俯石門而入深十餘丈多滴乳垂綴若荔枝（宋方提刑題云）予若再至桂林歷窮勝踐最後始得清秀玉乳荔枝琴潭四巖而琴潭水石又諸巖之冠冕且川原平衍群峰環抱愛

之不能去○清秀山從西清門下濠石道上西阜入夾山口緣山行又里許有塘曰清巖出其上環桂諸山本以孤峭標秀而是山則岡連隴湊盤紆峷鬱長可一里餘獨以巖門下瞰塘水山澤通氣清彩映發如其名焉入門則有兩巖東西對闢上出山半其迥朗亦適相敵北郭諸山近在東墉可招而至其西則陽江北來倚檻而望批崖越壑其流泊急過下庄居者前水波寬緩山漸深土漸衍似村塢可耕矣（方信孺詩）尋徧洞天三十六蒼靄獨閟此巖扉旋除野草開新逕遮莫寒藤刺客衣

歲月偶同題壁字煙霞似不放人歸杷笏欲作開山主已落瞿曇第二機〔張自明和〕甲子循環各一時又逢青人護巖扉金墉城鎖瑶池死蒼玉樓鋪錦地衣萬里西風生木末數聲湘竹叫雲歸明朝天上秋期近問訊河邊織女機〔題名〕龍圖閣直學士經畧王公若愚與提點刑獄劉子至提舉學事唐夢傳大張旌旆觀稼近郊京今歲建芽於此遂過傲雲諸閣大觀元年五月十六日權發遣轉運副使公事張莊正民題杜唐臣張通夫王誠中張通甫董君佐姪聖程聖欽元符三年八月旦同遊

欲騎日月超然之韻端臣獨題公輔公崟大觀庚寅清明前六日遊男叔侍明叔仲明仁仲子源靖康改元五月中休同遊是歲初冬九日明叔仲明子源同晉卿再來郡守呂叔恭以甲戌季春七日遊中隱巖山水之興未已後兩日再拉機宜劉子思監州朱國輔經屬陳朝彥同至新洞所見愈奇真所謂倒食甘蔗也灘山人曰巖居蓋有朱元順云是時張安國帥桂年壯氣盛少所屈意乃紆騶入谷親與其客造朱所栖至勒之石豈桂之嶷邀之士朱獨高舉希慕遺風安國遂從而禮異之於

以風部內手了達之牒乃判府汪公聖錫所給且
稱了達有苦行巖刻具在來遊者後之君子可按
焉灘山人即張羽王鳴鳳也○灘山一名沈水山
在城東南隅唐龍朔中曾降天使投龍于此陽江
西來東入灘水魁然起椽南皋之端橫障江口洞
曰水月門出水上其高倍闊夏秋之交移舟入焉
遊魚千百毚灂几席間宋提刑方公信孺即南壁
下建精舍以居曰雲崖軒〔其爲詩云〕不用窮探貫
杖藜隱然林壑挾城陴曾遵月洞千巖上更看雲
崖一段奇拂拭軒窗容俎豆發揮泉石借聲詩瞿

曇頻似如人意已約梅花帶雪移口范成大復水
月洞銘并序云水月洞刻灕山之麓梁空踞江春
水時至湍流貫之石門正光如滿月様光景穿映
望之皎然名實其實舊矣近歲或以一時燕私更
其號爲朝陽邦人弗從且隱山之洞既曰朝陽矣
不應相重乾道九年秋九月初吉吳人范成大甫
田林先朝攷古揆宜俾復其舊成大又爲之銘曰
有嵌孱顔中涂漲湍水清石寒圓魄在上終古弗
奕如月斯望灕山之英灕江之靈復其嘉名【題名】
曹布陳倩苗時中劉宗傑齊諶劉誼宋元豊二年

中秋遊淳熙乙未歲中秋日廣漢張敬夫約長樂鄭少融玉山趙養民同遊水東諸巖薄暮自松關放舟泊水月洞天宇清曠月色佳甚因書崖壁以紀勝槩臨江曹宏正崇仁吴浞廬陵陽壽惪三山陳華子羽士李可道同遊子公邁公适侍淳熙癸卯九月望桐廬詹儀之以淳熙戊申四月辛巳同臨賀别駕涂四友欽陽守陳昭嗣前桂林郡文學陳邕泛舟訪水月洞登訾家洲時亭榭一新江山改色懷古攬勝觴詠忘歸後一月辛酉約幕屬陳邕唐庭堅雷霆憲屬陳東漕屬黄奕余偁劉三錫

來尋盟延陵吴宗旦宜之新安朱晞顔子淵冒雨泛舟水色正碧洞月宛然若望氷輪於雲峰缺處舉盃酹月廼還紹熙改元授衣假丹陽張全以紹熙甲寅正月四日集賓僚廬陵胡槻相臺王思詠吳門范藻臨川董居誼新安汪楚材郡人滑懋於報恩寺之脩然亭食已泛舟龍隱遂過訾家洲訪水月洞登慈氏閣從容竟日而歸淳熙丙午先公吏部通守是邦戊申春拜欽陽太守時連帥桐廬詹二卿與先公爲道誼交不以吏屬視一觴一詠莫不與焉疇累侍勝下年未冠今四十五載矣紹

定己丑疇自零陵守蒙恩再畀節來南登桂嶺四
望簪帶究然白雲何在情已不能自勝歲餘幸所
部相安得以暇日携南華游水月洞細睨懸崖上
有詹與先公所識歲月愈愴然於中已紹定庚寅
五月朔男朝散大夫廣南西路轉運判官疇百拜
拂塵孫將仕郎成之秉筆吾閩衣冠甲天下游宦
於桂林者一時爲盛經幕三山卓樗子用紹定辛
卯菊節會同里二十有一人同幕趙繇夫仲至林
文誠公着憲幕李遇用之漕幕陳夢庚景長林應
辰振老趙希郛中韡薛之鑑明叟奉檄至者郭岳

伯崇陳該一彦博方禹錫文瑞李士煒華國趙必
耿世頴王袠定東父柯楚伯翺林顥景程林機次
樞鄭公望希呂調銓者陳士吉一卿趙希璛宗美
陳應龍翔卿聯轡湘南登千山憩簪帶把棲霞七
星之秀薄暮舍策泛舟由龍隱洑訾家洲夷猶水
月之下把酒賦詩人物與衆山俱清情無涯而樂
亦無涯也贛曾原一汴趙希圃淳祐壬子上巳盤
礴水月詠南軒遺篇光霽熙然懷哉若人（雲崖二
直書旁有佛像下鐫唐僧智深爲合浦令呂興造
佛像記）朝陽洞三篆字張孝祥書水月洞三字谿

園居士書谿園乃宋靜江卒吳億之別號○雉山
在灕山南二里有宋里人劉晞大書雉嵓二字南
渡後虞使君沉字叔子嘗守雷州避地於此桂州
陳方彥以其地界之故有虞使君宅基山東北麓
下歘江水其上側起有昂首欲飛之勢嚴自南入
稍深詰曲可七八丈倚山南望見灕挾陽江與彈
丸南溪諸水㶁漾長邁瀾縈灘迅縹緑天際有宋
諸公當日宴集禊亭青羅閣遺址（宋黄照詩）為愛
空門息世機儒衣不着着僧衣淵魚林鳥已聞法
吏待當年瑞雉歸（鄒浩詩）客聽當年記雉山杜鵑

聲切枕難安今朝歸向山頭過不見杜鵑空夢残

題名

轉運使屯田外郎蘇安世與進士趙楊桼遊并男台文祥文炳文彥文侍行乙未三月二十三日

大宋治平元年臘後一日運判孔延之具舟接部因率通判范子明機宜姚原道知龔州丁鐸飲餞於雄山提刑余藻書巖石以紀

武陵張頡仲舉甬上苗時中子居洛陽劉宗傑唐輔吳興劉誼宜父七日自真山觀來遊元豐元年八月

轉運使朝散大夫直集賢院陳倩權提點刑獄奉議郎彭次雲權提舉常平奉議郎齊諶權發遣提舉常平通

直郎劉誼元豊二年十二月十七日同遊元豊辛
酉歲孟夏二十三日君美會仲舉仲隱施元子期
自壽寧早膳泛舟晚飲雉巖是日仲隱被旨還使
湖南李時亮題通直郎經略司管勾文字李孝中
全叔永學簿吳朋彥周元祐二年九月七日來遊
元祐六年三月二十四日自逍遥樓出桂江泛舟
至雉山觀巖祠徼雨不可登絶頂泝流過壽寧復
還逍遥置酒高郵孫覽温陵謝季成漣水孫傑荊
渚朱彖宣城董必曲江譚掞劉瑋同遊汴陽高士
勤得修許賓元忠崇寧二年七月初四日同遊程

子立安撫邕筦周公議許元善范貴之張通甫張
景通蔺大冲柳成甫李端臣洪仲達程聖欽范少
房同通叟飲餞雉山崇寧壬午季夏望日東柳程
建子立崇寧甲申清明前一日挈家遊男徹術行
侍行鄱陽程欽之率龍舒劉成之汶陽梁晦叔淄
川范貴之臨川徐伯應鄱陽萬彥亨劉長孺南康
范少房南海張守道同遊男昇侍大觀戊子九月
望日張子修農子源王君錫宋義夫何由道張方
仲侯伯壽餞客來遊大觀庚寅九月二十一日政
和二年三月二十七日南郡唐晉德携家遊男鍸

鉄銓錫侍行建安謝勲信都李温古原田永年長沙裴嶢廣陵楚執規淮海楊書思政和癸巳孟春晦日同來端臣適用聯禊淩顥景欵幽叢岑然呀略奴爲無方遊維摩丈室蓋自生白政和丙申季秋次朔社賢萬劉資中張方仲自龍隱過雉山政和三年三月二十日清湘唐孝稱宗擧開封劉若愚惪夫若水幾道乘暇登永寧閣復飯雉山紹興丙申重九日元壽携家來丙寅仲春十有四日肥鄉胡彦温以職事約東提鹽會議蒼梧桐廬詹體仁招三山熊景瞻飲餞於雉山之禊亭雨餘江山

如洗樽俎無復暑氣檢校陳述一別盖六年矣縱步巖广景物尤勝勸酬歡甚淳熙十有一年夏五月甲寅莆田李子凝甲戌九月二十八日東還刑使檢詳餞別於此豫章李大異帥桂之三年勸農於廣壽寺是日春和景明天氣清淑因從容禊亭遍觀前賢鐫刻過午而歸通判翟野胡槻臨桂令斛邁偕來嘉泰改元仲春望日○鬪鷄山在雄山東水口即彈丸溪合灘處其上有山竦身昂首若與西岸山豎麾翊作鬪狀山半有穴南北橫貫故以穿名或題曰空明宋胡槻名曰月巖趙師恕詩

睠此巖壑勝領客共登臨危機臨不測巇塗歷嶔嶔俯仰極高低上下窮幽深來登空明山千崖正沉沉下瞰青羅江古木鬱蕭森清風萬里來層雲盪孤襟有客可共賦有酒可自斟此景豈易得此樂豈易尋吾生今老矣遒跡歸窮岑○從鬬鷄山北水口入是為南溪諸峰環合四壁削懸煙翠黝蒼著衣如染曰玄巖曰白龍洞唐李渤所開築巖洞之前溪水澄碧中有泉出是為新泉臨桂雜志云白龍洞口有石屋一區循左壁行半途有小石室洞頂石罅折裂似龍蜕者爪甲宛然陟玄巖有

李渤題名入洞漸高縈曲旁達有石橋石室其盡處小竇通光下視即劉仙觀曩有階級可通道流厭遊人之擾乃毀去之劉仙巖之下則穿雲嵒也以有仲遠足迹名曰仙迹巖劉仙嵒前有道觀長松落落據牀小憩輒作蕭踈之狀嵒高數十仞深入百步內重門幽徑迴環窈窕似斷復通石乳瑩潔參差硿研傍多玉池玄井洞西有曲斗潭流注南溪水面浮花黃色又名金蓮港〈李渤玄巖詩云玄巖麗南溪新泉發幽色巖泉孕靈秀雲煙粉崖壁斜峰信天挿奇洞固神闢窈窕去未窮環迴勢

難極玉池似無水玄井昏不測仙戶掩復開乳膏凝更滴丹砂有遺址石徑無留跡南眺蒼梧雲北望洞庭客蕭條風煙外爽朗形神寂若值浮丘翁從此謝塵役

題名

假守呂叔恭拉機宜劉子思監郡朱國輔經屬陳朝彥自中隱巖過白龍洞叔恭之子大鈞侍行紹興甲戌季春七日

朱晞顏慶元改元寒食陪都運寺丞遊白龍洞時牡丹盛開小酌巖下夕陽西度並巒而歸

白龍山在桂城東南登山之西而至其洞深廣可數楹石之穹窿隱然若神物化去而留其跡洞之名蓋亦舊矣元祐已

巳二月八日上黨苗子居歷陽高時仲金陵李師正黎陽吉鄭幾來暇以遊愛其佳趣因刻於石會稽闕蔚宗題上饒潛潛禮濟北殷徽之毘陵胡茂方同郡樓元嘝武夷葉振卿紹聖乙亥秋九月中澣遊湘陰彭子民陶達王長孺洛陽席貢從詔使部還桂同遊白龍洞乙卯春公輔公紊侍親遊春來此政和辛卯季春旬休日南郡唐晉德携家同遊男鋼銖銓錫侍行政和二年三月二十七日題李景言王子舉渭之昭淳熙丙申立夏日同遊陳正仲銓訖之官王景醇林亨仲飯餞於乙卯仲冬

慶元丁巳立秋後三日同幕集觴於此豫章王岳
次山温陵趙庚叔初長沙陳克仁壽卿長樂陳昂
中定謨臨川楊文明仲藻彥亭瞿子埜（歲在庚申
重五休務日携家往尋巖洞之勝暑風清微凉氣
襲人徜徉終日不知夕陽之在山也長沙李勁正
臣胡持正雅叔唐嶸次山朱佐君輔蕭仲仁元之
嘉定甲子端陽日憇此嘉定辛未中元後四日計
臺臨汀楊公子直復出按未歷之郡憲臺括蒼管
定夫帥守濟北李誠之載酒白龍洞留欵先是去
夏六月大暑公初行郡亦嘗觴此夫仕而南多鄙

曳其民怠忽廼職使者間畏炎毒未嘗一踪按部公連歲犯暑殆遍走二十四州尊年精明人所難及父老有迎拜而問者曰使家壯也何用而見用於遲晚近也弗留而宥留於遠外吾儕嶺民懷私惠而勤勞使家一至於斯公呼而謝之曰上有命老弗容辭遠弗敢憚懼我之矜汝者或有未至而汝之憐我者姑置勿言遂一笑登車既行勒茲語於巖石用告我同志云〔東萊呂祖昇長沙王濟美自千山觀驄騎來游嘉熙初元正月二日口桂故云有郭顯者不知何所人居南溪之劉仙巖一構

住山道民一稱南溪郭顯然卒無可踪跡之者獨有南溪卜居銘首言士大夫以金虜之故多南還似避地桂中張孝祥集有同郭道深訪朱元順所居清巖或曰道深乃顯字云○凈瓶山在城南十里勢如頹雲西面襟江中有小洲浮起如印其山有洞懸石如張蓋垂垂下覆傍窺則似衰荷敗葉因名蓮葉洞從蓮葉下再穿一洞石筍下垂可三丈餘離地僅尺許俗名仙蔗洞○伏波山在伏波門外山東劃江巖亦東嚮初景徽射先燭巖室漸晃潭壑孤峰郡木如出潭裏遊舸多集其下唐時

有伏波廟頗 虞衡志云伏波巖突然而起且千丈下有洞名還珠可容二十榻穿鑿通透戶牖旁出有懸石如柱去地一線不合俗名馬伏波試劍石前浸江濱波浪洶湧日夜漱齧之

宋章峴詩 江瀾泗洑齧山根山裂巖開石室存怯鬼夜呼千嶂黑蟄龍晨起一川渾金沙試決通泉脉翠壁閑題破蘚痕三伏幾人逃畏暑豈惟河朔有清樽

崖靜和韻 古木纏溪出亂根四時香火廟空存人家曉聚凫鴨亂水怯夜翻星斗渾靈洞仙遊雲自鎖陰崖龍去石生痕幸同軒從乘餘興酣

醉清時酒一樽〔題名〕知桂州兼經畧安撫陸詵提點刑獄公事余藻轉運判官孔延之兵馬鈐轄白均徐印新知鬱林州姚原道經略司勾當公事劉恕治平二年立夏後二日會於此藻題〔南陽達夫會稽蔚宗清江志康熙寧壬子八月望日同遊〕潘景純求蔽熙寧七年五月晦來龍石會人龍圖閣侍制知桂州曾布子宣轉運使尚書度支郎中直集賢院陳倩君美副使殿中丞苗時中子居提點刑獄太常博士劉宗傑唐輔提舉常平秘書丞齊諶子期管勾常平前江上縣丞劉誼宜夫元豐二

年六月初三日〕建安陳　彭次雲歷陽齊諶
吳劉誼元豐三年十二月二十四日同遊洑波巖
後二日大梁和斌獨游王軾題〕曲江譚掞弟拱朴
湟川蕭汝朗同游紹聖丁丑孟秋二日文初題朝
請大夫直龍圖閣知桂州兼經略安撫胡宗回醇
夫朝奉大夫轉運副使程節信叔朝散郎提點刑
獄梁子美才甫奉議郎提舉常平譚掞文初累會
洑波茲巖勝絶在桂林洞穴之上紹聖三年十月
二十二日管勾書寫機宜文字胡義脩奉命題〕潞
汾程子立被命西邕兼將黄忱君錫餞別於蒙亭

時元符己卯孟夏既望鄱陽程節信叔曲江譚掞
文初臨川劉蒙資明仝魏董遵守道廬陵胥鎮次
山自八桂堂過汱波巖啜茶遂遊龍隱洞辛巳清
明前二日謹題乙未元日端臣隻遊曹聖邁黄彦
劉秉文李端臣躡蹬青驄穿綠楊擷芳蕤挹滄瀾
與春工相忘無何鄉政和丁酉絶煙節清源劉鎡
逢時膠州癸惲樂道晉江呂汴子會祥符馮元震
亨之襄陵侯林晉卿蒼溪王蕃子宜自湘南樓泛
舟過汱波巖避暑抵暮而歸宣和己亥六月十六
日李昇之譚振尚肅之黄鐸同遊桂林富有巖穴

而盛暑易於來遊者唯東巖冠之宣和庚子六月二日三衢毛子嘉率天台周文虎睢陽張君原四明林芘氏巴陵黃師心三衢徐伯材會飲於此翌日天台周彥佐復携酒與昨諸公偕來獨文虎伯材不至而宜陽吳廷貺與之建安練山甫補官宣和乙巳寒食前二日携家來遊子宗袞宗元孫應侍行甥潘希孟秦命書經畧安撫蔡懌同提點刑獄尚用之轉運判官黃鐸轉運判官曹邁提舉常平王舜舉廉訪使者練山甫早飯靈隱過曾公巖栖霞風洞烹茶晚會於伏波巖抵暮而歸時宣和

乙巳季春初十日題晉江呂成之詣樞府稟議紫洲李域建安呂著長沙李服休都嶠陳覺湘潭吳芾飲餞於伏波巖時靖康初元季夏四日孫仲益自桂山還晉陵桂帥率二漕憲車餞于八桂堂劉立道陳景淵董令叔趙少隱與焉紹興四年十月二十一日瀏陽劉昉方明自蜀還鄉寓八桂堂治舟狀波巖下追念昔為兒童侍先子官於此邦始至以政和乙未之秋而其去以宣和乙亥之春今三十年恍如一夢感歎之餘因識巖壁庶使後有考焉男汶渭溱孫男駒騎鸞鵬鴻外孫葉騏侍行

紹興戊辰六月中澣方明以戊辰六月登舟東歸
翌日解維泊雉山又翌日聞命復帥湖南遂還八
桂辭不獲命改轅而北以十月二日啓行赴鎮是
用再勒于前題之左方浚儀張璿温之被命前來
經畧施大資止之八桂堂五日復還武林因暇縱
步來觀是巖紹興丙午末伏前一日宋公玉歸豫
章王壽卿姚周卿田子騫張子真子斐程善道黄
德制王儀之滕彦真飲餞於此乾道己丑六月十
七日秦舜卿李南夫淳熙甲午重陽日來游方信
孺楊志李閎祖嘉定同遊嘉熙改元初伏後一日

長沙雷文瑞祥仲趙師鏵舜臣劉應定直甫羅仲
孺巨卿黄岡徐敏子衡命措度南州館轂於巖側
四明戴炎長沙韓夢發寶婺周翦星渚馮㣧外孫
上饒尤日新侍時淳祐丙午仲春下澣淳祐丙午
立冬後七日廬陵劉受祖之蒼梧艤舟洑波巖下
蘭谿趙立德成以寶祐甲寅歲閏月十有一日攜
家東歸艤舟還珠洞至二十一日遊徧諸巖即行
長沙胡德新盤叔泛灕歸湘猶子克紹同資中郭
又新居安及鄉人周德明清叔梁世賢國佐鍾
子浚鄭益謙遜伯飲餞癸水亭襄回巖下笑談竟

日執別煙雨中寶祐乙卯元宵後一日覃懷李曾
伯長孺以淳祐己酉來牧是邦越十年再開制閫
廣至此洞每輒煮泉瀹茗裴回竟日令人起濯纓
之想不知身在飛鳶跕跕墮水處也蓋篸山帶水
勝絕天下而此洞又居篸帶之勝舊有癸水亭因
城築今更為之男杓杞杼孫國華侍景定庚申首
夏二日謹識眉山朱景行以咸淳戊辰十二月三
日登舟於此吳興陶定安世來遊甲申冬十一月
初張唐輔吳正禮同遊劉舜舉張子容子真子安
胡宗周同來庚寅三月中澣靜江軍三大字集賢

殿修撰熙河蘭岷路經畧安撫兼知熙州鄱陽鍾
傳書寶文閣待制知桂州兼廣南西路經畧安撫
使鄱陽程節上石○正夏堂三大字隸書吳郡范成
大立睢陽杜易書○木龍洞在癸水門外北去伏
波巖四百步許西望疊綵巖僅百步也孔道通行
如砥如矢驅車飛蓋綽然而餘旁後有小洞相通
○七星山渡江而東望見峯巒駢列如星象然中
有棲霞洞唐祀玄元老子於此有古像相傳明星
所寘洞前有慶林觀又曰東觀風土記云東觀距
府郭三里隔長河其東南皆崇山巨壑綠竹青松

峒崆幽奇登臨險易不可名狀有石門勢甚襟束秉燭行五十步洞穴始坦平如毬場可容千百人如此者八九所約畧相似皆有清泉綠水乳液葩漿怪石嵌空龍盤虎踞引燭綠涉竟日而還終莫能際相傳云昔有人裹糧深涉而行還計其所行已及東河之下如聞棹檝湍湍之聲在其上又以爲通九疑山唐張固遊東觀詩巖岫碧孱顔靈蹤若可攀樓臺烟靄外松竹翠微間玉液寒深洞秋光秀遠山憑君指歸路何處是人寰從事盧順之於東觀席上贈張侍郎渡江旌旆動魚龍令節開

筵上碧峰翡翠巢低巖桂小萊萸房濕露香濃白雲郊外無塵事黃菊筵中盡醉容好是謝公高興處夕陽歸騎出疎松（侍郎周和云）亂山清翠郡城東爽節憑高一望通交友會時絲管合羽觴飛有笑言同金英擢彩精雲外玉蘇凝霜暮雨中高詠已勞潘岳思醉歡愁道自東公（無名氏紀遊詩云）瑰奇恣搜討貝闕青瑤房方隘疑永巷俄敞如華堂玉梁窈浮溪瓊戶正當窓仙佛肖彷彿鐘鼓鎗擊撞贔屭左顧龜信信欲吠龐丹竈儼亡恙之田藹生香摶噬千㹀聚絢爛五色光更無一塵涴但

覺六月凉玲瓏穿屢析詰曲通三湘神鬼若剗刻
乾坤真混茫入如深夜暗出喜皦日光隔世驚瞬
息異境難揣量口宋范成大碧虛亭銘并序曰唐
鄭冠卿遇日華月華君於栖霞洞與之笛不能成
聲傾壺飲之僅得涓瀝獨記其贈詩二篇出門見
采樵者問曰祠中樂乎跬步亦失所在吴人范成
大小築其處以識幽討按詩卒章云不緣過去行
方便那得今朝會碧虛即以為亭額且銘之曰空
洞維石中函碧虛誰歟知津有翹頁芻我來扣門
兩翁在否雖不能笛能醉我酒為君作亭表巖之

扁名翁所命而我銘之（題名）河間俞獻可上谷燕肅趙郡李諮聖宋天僖二年秋月中元同遊慶曆四年甲申九月二十三日辛巳廣南西路提點刑獄尚書虞部郎中隴右李永德尚書職方員外郎知桂州汝南周騤尚書都官員外郎新知永州滎陽潘衢轉運判官太常博士安定梁戴同遊曹聖延李端臣躩雲磴摩星魁倚筇少憩於此丁酉七夕前三日經畧安撫蔡憚樂道提點刑獄尚用之仲明廉訪使者張洵仁仲宣和甲辰八月初八日同遊紹興六年丙辰歲工九日八桂龍躍弁究丘

唐全同判仙李記到此因而刻題方域張淵道晉陽路質夫贛州曾吉甫桐廬方務德潮陽劉方明紹興戊辰六月丁酉同登七星山紹興丁丑正月已巳府縣官屬汝陰張好禮定叔開封李裔元傳之睢陽王處存子安洛陽楚偃師言長沙吴延年永錫壽春魏美言李及温海戴子琦君美清江楊獬正伯休務相從尋春於訾家洲訪程公巖入栖霞洞憩於黄氏之園極一時觀遊之勝繼至者二人開封賈戒之公戒柯山陳梁伯初余素有山水癖游宦江浙逾二紀明峰繡川歷覽幾盡飽聞八

桂巖洞之奇恨未能一到得郡鬱林因携家謁清惠祠泛舟過龍隱食已入棲霞洞洞深窈窕數里不能極其涯既其相羊石扉宴坐終日野雲飄素練群峰錯蒼壁超然頓忘俗慮信壺中有天語非虛誕又疑飛空步霧乘風駕鶴而來想仙島蓬宮不異此也隆興初元七月十七日三槐王定甫之書會稽諸葛國瑞永嘉林騰達偕行乾道癸巳重九吳人章潭豫章范成大至能携家同登七星山遂遊棲霞水月諸洞鄭少融趙養民李正之范至能落壺天觀還會碧虛淳熙元年范至能赴成都

辛祀元將王中顯游子明林行輔周直夫諸葛叔時酌別碧虛淳熙乙未二十八日增城崔公正子被旨奏事以癸酉上春下澣舟行先一日栝蒼管定夫濟陽李誠之會飲於湘南樓已而遊屏風彈子巖棲霞洞泛舟龍隱歸集於脩然亭時積雨新霽風月較美清流碧巘隨處呈露黃童白叟夾道咨嗟盃公持憲甫朞年而行部之日居半未嘗足歷巖洞及茲召行肯為一日留酒行加嘆曰天下巖壑稱誦此地誠亦希有人生臭味投合此會長未易得景物人情覺相愛戀其為我鑱此語於巖

石他日以墨刻寄似亦足以慰所思云呂偉信留
桂林五月凡山水之勝無不登覽於其行也蔡顏
仲具酒率韓鄉時蔣商澤同遊以别陰雨凄涼倍
有離群之念癸卯九月二十日淳祐辛丑六月二
十一日昭武謝逵叔達金華劉泳清叔臨川羅愚
李能遊江右蕭澥曹朋年周復明來遊萬必達淳
熙改元仲秋九日獨步壺天觀因憩碧虚伏讀鄭
君事績長嘆二真景昔時之集今獨何異於愚也
敬書口玄風洞去棲霞旁數百步有風自洞中出
寒似水雪提刑曹輔于玄風洞有遇歐陽晦夫詩

晦夫名闢靈川人宋柳開玄風洞銘并序云出桂城東抵慶林觀背山下有洞出風淳化元年開知州事往避秋暑因刻銘於洞左曰桂東叢峰洞穴空通淒肌森襟没骨浸心瑩雪若潔凝氷若冽暑宇如燠周呶流毒其何如斯爲能安之嶺山峩峩嶺水湯湯亘古綿今氣炎土荒物衆爾情候乖朔節夏雨多涼秋旱多熱春喪冬扇朝順夕變反側無恒夭癘相仍我來洞中百慮時窮翛然自釋忘歸終日勒銘巖石用紀罔極【題名】程節信叔張景温敦直董遵守道許端臣中甫元符三年五月十

九日遊政和壬辰季秋丙子經畧安撫使王先之
邀轉運副使陳道夫提點刑獄唐夢傳提舉學事
陳質夫提舉常平陳從道走馬承受陳明遠轉運
判官唐晋德蚤集東禪寺飲於安樂堂煎茶少憩
遂過玄風洞宜春曹邁聖延廬陵李彥弼端臣凌
商衢絕端桴挾隨車之霶潤探空穴之薄膚於是
七雲子甌駱奴討文囿之菁英研道樞之虛無恍
契夫樂寇之冷然欵翱乎寥陽之清都政和七載
丁酉七月上澣日李昂霄奉命書來風亭落成少
隱置酒會者幾人立道景淵令升汝弼仲益紹興

甲寅七月十一日○彈丸山以山下出石子磊落如彈故名按水經注云灕水又南合彈丸溪水出於彈丸山是也湧泉奔流衝激山嵁及谿中有石自然珠圓故取名焉山有二巖皆北向左巖廣可九筵石斜覆若奇雲垂垂欲墜右巖廣可三室東西兩洞如東西廂下有彈丸溪水入于江宋陳讜詩地迥山奇佐神仙喜穴居百雲剜洞巧五石補天餘商野幽人夢周南太史書心爭愛丘壑勝緊一躊躇括蒼梁安世題云諸巖多奇觀獨少寬平縱步之適惟彈子巖前有地百餘畝水竹窈窕環

以遠山經略看山劉公焞始買地爲圃偶橋築亭仰觀崖石如坐冷泉對飛來諸峰遂爲桂林勝遊之最淳熙庚子中秋日會於靈隱亭登舟貫龍隱得雨甚涼泝流酌癸水亭上醉荷香而歸江西鄉人同仕於廣右者十有二李蹊成叔郭有憑克誠潘修文叔李石韞玉徐夢華商老王璪李父張坦明仲蔡詵子羽陳公堞師宋魏沭薰父王恩詠詠之孟浩養直淳熙重光赤奮若仲秋中澣講鄉會於湘南樓過禪子巖題石淳熙九年歲在壬寅暮秋初吉七閩熊飛景瞻以憲事行部至桂林與鄉

人官遊者李蓍東暉李棡伯廣王葵欽之陳閎周
卿上官駿子聲鄧夏卿仲華吳三錫寵卿吳榮漢
老楊延季洪卿陳璧廷珪鄭霆希聲潘元震子聲
陳光祖貽遠吳孝友次張趙沖虛申莊漢輔李之
蔣孟震震卿朱禾仁叔陳膺定夫會於諸洞以續
庚子之盟與者漢陽馬演李長青社鎦良弼傅鳳
臨川蔡詵子羽桐廬詹體仁三山林惪陽遊龍隱
曾公栖霞彈子諸巖洞天霽氣和徜徉終日弟憲
車行部不得同此樂也淳熙乙巳正月中澣蕭陽
陳讜正仲自三城辟守懷澤就銓計臺仲子璉侍

行臺府賓佐移尊水東盤薄松關歷覽曾公栖霞彈子諸巖洞同遊者十二人北嶽王宗孟景醇泉山趙庚叔初林子蒙亨仲廣平李正夫頤老盧陵董世儀子羽建安鄭繼勲少周劉褒伯寵臨川楊汝明仲藻西安徐翊叔虞金華宋甡茂叔新安朱權聖與長沙李魯玉伯温時連雨忽霽寒氣亦歛景物呈露極驩乃歸慶元冬十一月二十有六日

開禧改元季冬中澣東都趙善碁作肅頌兕曹汝洌汝瀧汝湲汝渲來遊婿昭武謝寧孫鄭友直外孫謝濱鄧笱侍行○龍隱巖在七星之右山脚入

谿水中桂勝曰七星迴映亞薄青旻龍隱分道宅南自表遊者刺舟轉碕入竇見其上石裂長數丈作鱗甲形登岸緑麓則有大巖如排高門坐堂皇可以廣宴山椒有滴玉泉點點墮石穴中琤然作清響宋人來遊酌石溜試新茗即此襄陽米芾以詩送教授推官李彥弼惠簡桂帥程節節亦有詩荅之彥弼將芾與節所荅詩并鐫之

方信孺五言古風　春波館微緑斗柄亞空明方舟貫巖腹鵝鸛相酬鳴仰窺穹窿頂宛轉百怪呈下闖清泠淵演迤萬頃澄但同魚鳥參勿遣蛟龍驚抉苔撫奇篆

倚棹看題名太虛可為室豈復資欒櫨乳泉助茗椀中有氷雪清何須驂鸞去此即白玉京〔又題〕石門元不鎖巖屋本無基九夏花猶在千年樹倒垂僧閑方定起客到每歸遲甚欲眠蓬葉沿崖續纜碑〔章峴詩〕吏局區區得暇難倚崖高閣暫登攀群峰半出重林外小艇橫浮一水間霜葉信風隨馬逝晚雲沉石伴僧閑夕陽欲下猶迴戀吏鼓清琴數弄還〔丁未上巳重遊〕溪干艤棹訪巖扉危磴攀緣不欲歸垂乳滴聲當佛座宿雲留潤在僧衣聊開楔席臨流水閑𢷬文竿到落暉旅宦天涯共寂

莫送春無意惜芳菲（朱晞顔暇日過龍隱山有以千葉白梅獻者輙成鄙句云）素艷重重疊雪輕先春不怕雪霜凝人言五嶺地皆熱誰折一枝寒欲氷似笑疎花太孤瘦故教聚葉擁千層湘南別有新春樣拚醉花前喚不應○屏風山在圜通灣平野之上山形折疊故以屏名灣水紆濁下接彈丸溪巖深十數丈地漸高起似築臺其上上有石如鍾墮地躡石磴盡天光射入爲後小門范公成大表以空明文又於外作壺天觀自爲之銘并序云凡洞穴皆幽闇偪夕秉燭而遊唯屏風巖高廣壁

立如康莊大厦延納暉景内外昭徹石湖居士名之曰空明之洞【銘曰】心塵日華三昧現前我提一壺彌羅大千無有方所四維上下此三昧門溥施遊者【張孝祥詩】高巖劃天開多徑通乳穴隈堆青螺髻嵽嵲白玉闕外有虎豹蹲中恐蛟蜃蟄東崇俯雷電西出挾日月萬壑來悲風六月不知熱平生山水趣嶺海最奇絕洞府二十四未獻皈齒折晚乃遊此巖餘地比僕妾同來六七士嗜好頗相埒舉酒酬山神慰汝久湮滅【題名】桂林巖洞冠天下而此巖最清絕又五嶺之冠也延平鄭公衍彦

達宜春藍茁文穎秦臺西門賁進賢平陽丘仟仲通建炎戊申天中節日來遊經畧安撫建安周與道提點刑獄江東程巨用廉訪使者開封侯晉卿建炎二年十月初五日同遊許中甫遊慶林來此庚辰六月廿八日題李似之林德克許師仲雨仲同來乾道丁亥十一月廿有四日明來秋七月甲子師仲與二水唐德柄三衢劉公實復來後三日再至○湘水巖在城東三十里俗呼聖水巖夜半則潮上巖日中則潮下巖每日如常畧不愆期地廣數十畝水經注所云潮汐塘也○虞山在城東

北三里灘水瀠其左黄潭縈其後下有洞曰韶音
入洞面潭水石清漪師名皇澤灣老洞南平原舜
祠在焉前則古松數十株樛枝密葉交撐互擁圓
若軒蓋長若旌幢彷彿有駕蒼虬翼翠鳳遠巡南
表之狀於後重巘上盤平障倒列又若負扆而南
嚮矣舊有舜亭在黄潭上唐任華送祖評事赴黔
府序云出餞何許舜亭岌岌凭檻窺黿鼉之窟酬
酒滴魚龍之背也風土記云舜潭遇旱禱雨張旂
震鼓輒應中有大魚遇洪水汎下至府東門河際
停宿巨舫往往載起然終不為人之害按張曲江

集九齡謁虞帝廟自爲文不具録後大曆閒李昌
巙重加脩飾爲勒摩崕碑于上宋之間桂州黄潭
舜祠詩云虞世巡百越相傳葬九疑精靈遊此地
祠祀日光輝禋祭忽群望丹青圖二妃神來歘率
舞仙去鳳還飛日暝山氣落江空潭靄微帝鄉三
萬里來彼白雲歸張栻韶音洞記由舜祠之後不
十步至虞山下有石門可窺入其中則虚明以長
仰而視之石去人僅尺許色清潤可愛瞰其旁蹲
踞蜿蜒如虎豹龍蛇者皆是也行其中百步餘望
北牖清江横其前下臨深淵所謂皇澤灣也始栻

既新帝之祠得新安朱熹爲之記命工人度山之崖磨而鐫之偶發石而得斯洞鑿其下石之蠹足者剪其林薄之翳目者而地之勝有若天成焉名之曰韶音洞蓋淳熙三年秋也洞之深九十有三丈廣二丈有奇牖之外少西有地隆然而高爲臺可釣明年秋又於洞之左得小丘平曠桑鎧江出於左凢桂之山槐奇傑出者悉獻其狀作亭於上名曰南薰之亭於是祠之前後皆有覽觀之美來拜祠下者已事而退又得以從容而遊息焉（題名）淳熙乙巳九月二十有九日大閱前一夕雨會朝

開霽旗幟明人馬盛弩力勁皆新創也士練有素各以技逞實一時壯觀桐盧瞻體仁以明日抬三山熊景瞻林德隅出郊歷韶音洞登釣臺天氣增爽言宴清適盡可人意屬景瞻有移節江東之命舉酒相屬又使人不能無恨然○立魚峰高數十丈純石紅紫色若魚形逞立在韶音洞西舊有中峰寺寺有古像徵于碑碣蓋盧舍那佛之所報身也緣磴而上絕頂群山如瑤簪玉筍森然在目唐人登高於此○明月洞在立魚峰南鳥道陟險捫蘿而升洞去平地數千尺外隘中宏周如蘭室可

容十許人寢處旁通甕牖牖外方石丈餘其平若砥下視來徑歷歷不爽西向因巖構宇佛子居之

○尧山界在靈川去桂城東北十五里積土盤迴參差帶石長亘數百里為桂諸山之冠陰雨將及先有白雲起其中冥濛漸合飄灑隨至山徑多松松罅望見兩掖有石巖在其下道詰曲處土人云靈官頭上有平田曰天子田因尧以名劍江之源出馬合彈丸溪至穿山口入於灕一名臺建江山頂有白鹿禪師菴相傳唐開元中僧元康者以經論應詔將還山玄宗賜以異國所貢白鹿故名按

後漢書始安侯國其下注引始安郡記曰東有駮樂山遼山豈遼訛爲堯白鹿即駮樂皆以其聲相近故耶〈風土記云〉堯山在府東北隔大江與舜祠相望山有廟絶壟四時公私饗奠不絶相傳爲秦時建〈唐軒轅彌明謁堯帝廟詩〉祖龍開國盡遐荒廟見唐堯鎮此邦山卷白雲朝帝座林踈紅日列仙幢巍巍聖蹟陵崧嶠蕩蕩恩波洽桂江瞻仰威靈共回首紫霞深處鎖軒窗〈宋張栻謁堯廟詞〉溪交流兮谷幽山作屏兮層丘木偃蹇兮枝相樛皇胡爲兮於此留謁冠佩兮充庭潔芳馨兮再陳純

衣兮在御東風吹兮物爲春皇之仁兮其天四時
序兮何言出門兮四顧渺宇宙兮茫然○辰山在
城北東渡三四里堯山所從土人名曰虎山中巖
重起畧似中隱宋有士人劉晞家其下桂帥李大
異嘉晞有隱操以盤龍擬之因用名其巖詳具晞
子若居顯所鑱諸詩中〔舊志云〕山有三巖下巖初
入昏黑行十餘步乃明豁石室穹然坐三十餘客
巖扉西向下瞰平野山川城郭瞭然在目自扉左
登陟蹬百餘級至中巖乳石奇怪可駭可愕又由
閣道至上巖巖之巔有小亭放目天際昊濛香靄

不可窮極嘉泰初士人劉升之始出此巖於荒茀中遊者驚詫以爲桂林諸山之冠相傳升之爲諸生日吕帥愿忠招見任寄居士喻以秦城有王氣俾各賦詩以諂檜升之獨不從人服其抗節云〔題名〕趙悅道翁子東李叔逢余仲庸鍾定叟嘉泰甲子月夕前七日來遊○灕江與湘同源出興安陽海山至其縣北釃爲二流灕則經靈渠南出繚繞桂城東北及其西南帶以陽江從灕山下入馬岸傍數山或扤其衝或遮其去故間有亂石及沙潭處清淺爲灘湛碧爲潭餘雖深至一二丈其下石

雜五色草蕙諸種所有游魚群嬉水面間没葉底此水最清洞澈無翳飛雲過鳥景不能遁南中人士自祓禊之外良辰吉日浮舟宴集乃其故俗唐宋之間桂州三月三日篇云始安繁華舊風俗賬飲傾城沸江曲主人絲管清且悲客子肝腸斷還續荔浦衡皋萬里餘洛陽音信絶能疎故園今日應愁思曲水何能更祓除作伴誰憐合浦葉思歸豈食桂江魚不求漢使金囊贈願得佳人錦字書張九齡巡按自灕水南行理棹雖云遠飲水寧有惜況乃佳山川怡然傲潭石奇峰岌前轉茂樹隈

中積猿鳥聲自呼風泉氣相激目因詭容遡心與清暉滌紛吾謬執簡行郡將移檄即事聊獨歡素懷豈秉適悠悠詠靡監庶以窮日夕○灕所挾諸水陽江為大源出靈川縣之思磨山一出維摩嶺流至郭西領杉木蓮花諸塘水滙為澄潭歷西南文昌三石梁東出灕山與灕合宋時於城下構亭曰陽亭（張栻仲春過陽亭詩）亭古危臨岸林巒巧近城煙容隨雨住花片著溪清春事已如許客懷誰與傾亭前幾株樹滿意欲敷榮○灕南流至鬬雞山南溪之水自西南來合彈丸溪入灕東過將

軍橋橋下有泉甘冽宜茗又東爲金蓮港每夏秋間其花盛發搖漾水面鬱若金粟亦臨泛佳處唐李渤留別南溪詩常嘆春泉去不囬我今此去更難來欲知別後留情處手種巖花次第開○訾家洲起灕水中背亞灕山唐元和中裴中丞行立刱建亭閣於其上屬柳宗元爲記先是訾家所居因以名焉洲每經大水不受淹浸相承言其浮也唐楊漢公訾洲宴遊詩桂林雲物畫漫漫雨裏花開雨裏殘惟有今朝好風景櫻桃含笑柳眉攢歐陽賓詩舊葉分明桂水頭人歸葉盡水空流春風日暮

江頭立不及漁家有釣舟（宋張孝祥詩）一雨便清涼風田百草香雲山米家畫水竹輞川庄僧賦觸新帖濤榛斬舊行歸鞲乘晚霽空翠滿輕裝○相思江在城南五十里唐地理志云臨桂縣有相思埭元壽元年築以分水使東西流東合灕江西滙白石水濶各十丈源出白石山下其地有會仙里昔有群仙會集輜軿羽駕遍于碧空竟日而去里人聚觀狀聞于朝因名會仙里又三十里爲甘巖大江之右其源亦出靈川思磨山自水測湧出巖方十餘丈大如屋室莫究其深淺盛夏詣之凜然

增寒○莫休符風土記云國初中書褚遂良事大
宗歷官中書令高宗將立武昭儀為后遂良極諫
以為不可由是忤旨貶潭州顯慶二年又貶桂州
今開元寺舍利塔前有褚公親筆寫金剛經碑其
西觀音寺有井隣人李氏暑月以熱餘手胛置之
震雷暴作挈肉于道煙氣薰灼虫蟻不附令狐綯
撰有震井記叙述其事○長慶中李給事渤字濬
之徐桂林表吳武陵為倅故事副車上任其槖鞬
通謝又數日於毬場致宴酒酣吳乃致詞云奉約
同遊山水柰何以紅帛擊子首仍命婦女於看棚

聚觀相耻○李涉渤之弟也爲作隱山六洞銘者又有喜弟淑再至桂林長歌凡五百言○張羽王桂故云唐李嶹廉察桂州月夜聞隣居吟詠之音訪知爲戎昱因以幕賓處之昱在席調其侍兒嶹解其意即贈之昱感賦詩有恩合死前酬之句○楊衡吳興人與陳羽念别詩有云碧桂水連海蒼梧雲滿山及送公孫器自桂林歸蜀則云桂流淺復碧瀑淺半露石似亦曾臨清流而興詠者○李群玉嘗自五羊來桂林訪故人舊居有一院蕉聲暮半庭春影斜之句○宋朱晞顔紹熙間知静江

府爲人豪爽自喜最傾意於當世有文名者其赴
桂都鄱陽留訪程邁在桂得石屏又以遺邁得邁
石屏記乃自爲跋鐫之龍隱巖諸山亦多子淵所
題○方信孺莆田人提刑桂州閒屏騶從遊諸山
仲紙濡毫有所撰述不移時草具當其得意處望
崖漢曰平生方提刑以好山水聞孰信茲山寓筆
研哉他日于西山擇最勝處營創館宇期欲奉母
偕隱其下名所居曰碧桂山林自爲之銘其文尚
在山中○李師忠復之帥桂罷歸一詞題別云子
規啼破城樓月畫船曉載笙歌發兩岸荔枝紅萬

家煙雨中佳人相對泣淚下羅衣濕從此音信稀嶺南無鴈飛○黄庭堅字魯直以編管宜州過桂見諸山驚嘆奇絕賦詩有云桂嶺環城如雁容平地蒼山忽嵯峨李成不生郭熙死奈此百嶂千峰何魯直寓行勲大師水閣為名榕陰閣刻諸碑石○范寥字信中成都華陽人以省叔父祖禹昭州還寓桂州天寧寺黄魯直贈以詩云范侯來尋入桂路走别俗人如脱兎其後山谷殁于宜州寥往護喪出嶺士大夫義之○吴敏字元中真州人大觀初辟雍試首選蔡京喜其文欲妻以女辭左遷柳

州嘗遊桂城外南禪寺多遺墨○程祐之伊川先生從孫也紹興間避地僑居桂之永寧寺他日歸五羊還居焉今子孫墳墓俱在桂林○元陽舜民蜀人嘗任清湘縣丞至正末避兵靜江爲作新城碑記見豎逍遥樓上○劉恢字志道常寓人避地靜江爲宣成書院山長宣成宋理宗賜額蓋祀橫渠張公栻東萊呂公祖謙也景定三年經略朱公禩孫所請○王元字文元桂林人貧病苦吟每中夜得句妻黄氏輒先起燃火具紙筆以待偶草元有聽琴詩曰拂琴開素匣何事獨顰眉古調俗不

樂正聲君自知寒泉出澗澁老檜倚風悲縱有來
聽者誰堪繼子期○僧景淳宋元豐時人獨居一
寺不畜侍者終日閉門聞鄰寺齋鐘即造焉諸刹
皆敬愛之陰雨不出則爲送食積二十年如故淳
詩如夜色中句後虛堂坐幾更隔溪猿不叫當檻
月初生又後夜客來稀幽齋獨掩扉月中無犬立
草際一螢飛皆稱佳句○石仲元桂人爲七星巖
道士于詩妙極精微宋天禧間將逝謂門人曰榮
謝當然未喪之文子其嗣之盡出平生所作詩三
百餘篇授之曰凡吾所得子之所知浹旬而殁有

桂華集三卷蓋仲元自謂桂華子云

廣西名勝志卷之二

閬中曹學佺能始撰

桂林府所屬外州縣共八處

靈川縣在府東北五十里

本始安縣地，唐龍朔二年析置，以靈渠水爲名。按即灕水也，出縣東北九十里之海陽山，與湘水同源，北流爲湘，南流爲灕。灕水自興安縣南入，陡出大融江，入縣界。縣東有淦江，西北有路江，縣南有白石湫，東北有甘水，皆入焉。淦江二源俱出猺峒白石湫，出白石巡司，潭深，上唐李義山詩所云龍移白石湫也其水源出融山北界經縣西南穿過大山下東流注于灘○高鎮山在縣西南二里古名大象峰一名大藏其下有潭橫浸山腹名象潭其形三折又名之潭元至正年大藏山崩後名其所崩崖爲赤壁因名赤壁山及建祠以祀諸葛武侯○真仙巖在縣西南三里石屋穹窿可坐數十人乳花凝結爲纓絡寶蓋之狀又七里曰仙隱巖門高五尺邃若堂皇東炬而入百步有深潭投之以石聲若鳴鉦古傳神仙棲隱之所又十里爲華巖洞高廣數仞清泉環繞昔時有桃花片濶寸許

從洞中流出石壁上有詩云巖前流水無人渡洞口碧桃花自開東望蓬萊三萬里等閒歸去等閒來○千秋峰在縣東北十里獨立危聳下有峽通大江名千秋峽銀江之水出焉南注于灘○舜華山在縣西二十里峰多奇秀如冠如笏如人趨而拜之狀又十里有讀書巖宋秦方兄弟讀書處○雙蓋山在縣西北十里高百餘丈兩峰圓峙若張傘然又二十里為靈巖山大江洞其腹濶數十丈深不可測遙望山根橫光一線迫之乃知巖在山底水上表裏明徹而然巖口水面拍拍僅容小舟

擊太而入仰視巖腹與水面正平相去丈餘水深不可施篙仰撑巖腹以行佐之以楫劣進尺寸遇聲發則山水皆應大聲叱咤則砰隱砉列可駭當巖正中石穴隆如蓋其下為神龍所居輿地紀勝云南北相通正如堂殿水灌巖中其色如藍○北障山在縣北倚之若屏障也山綿亘數十里每風飈起則飛鳥回旋不能度俗諺云鳥不過靈川○宋紹聖間秦觀以言事謫嶺南寓居靈川一年嘗賦呂仙茶十二韻右呂仙山在今治西南平阜即靈川舊縣也其地產茶以唐光化中呂巖遊此因

名宋紹定四年縣令鄭延年始遷今所○莫休符風土記云出府城北十里有雙女塚俗傳二妃來尋帝舜卒葬于此塚高十丈周迴二里餘○風土記又云府北郭松逕盡處有安南都護晉讚塚晉讚靈川人其宅今為聖壽寺有廟在寺之北下歿後殯于此時有識地勢者言葬所有天子氣由是掘斷至夜又有陰兵填平如舊既而再掘復平不已時有効役者宿其所夜聞鬼兵相語曰能以青布運土投江則我等無能為也及明主吏聞宿者言遂用青布輦運土投河竟免陰兵填築今墳所

掘處猶存有石人石柱松楸百餘株或云昔家洲因運此土流下成洲有歐陽膺者爲絶句云舊業分明桂水頭人間業盡水空流春風日暮江頭立不及漁翁有釣舟○予閲隆慶間邑人全賜靈川志云靈川自唐武德四年平蕭詵置桂州總管府領始安福祿等十縣尋改始安爲靈川福祿爲臨桂按始安自梁大同六年改置桂州即爲郭下之邑謂靈川析自始安則可以始安改爲靈川似于義未叶且福祿省入始安在唐貞觀二年尋即改始安爲臨桂未可以改福祿爲臨桂也宜從通志

爲正○志又云靈川得名本于靈渠渠行五十里入大融江名曰靈江又西北有黄柏六峒川江三水合灕水爲同流故曰融江言通融也靈之義得于渠川之義得于三水並下按州縣凡例未有析二字以取名如靈本靈渠川本三水者通志以唐龍朔二年置靈川縣蓋縣西三十里之龍巖村有山高數十丈居平地中龍朔二年山忽晦冥者七晝夜大雷雨龍升而霽山腹遂空高三十丈許長倍之石間鱗甲至今隱現若存其下爲深淵莫測故水從西江來者皆滙之西江即六峒黄柏川江

也其源俱出全州西延之境與湖廣新寧交界遶
七都蠻峒而來六峒居中黃柏川江在左右以成
川字故巖亦曰靈巖川曰靈川耳龍朔之時顯此
奇異即以是年置縣義亦取諸此也若靈渠融江
俱在興安境與靈川何涉至小融江始為靈興二
縣之界○小融江亦自興安來至江南大埠口始
與大融江滙左右剌合故曰灕津○大融江又下
二十餘里為千秋峽叢山列擁尖峭如筆亦名筆
峽風水相搏濤色如銀名曰銀江其氣清淑四時
若秋故曰千秋又過縣南二十里之甘棠墟與甘

江合又十里之白石潭其水甚深相傳縣南二里許有蛟精塘昔藏妖蜃傷隄害物南齊永明四年始安内史裴昭明夢神女七人雲冠玉佩各執小柝圭印自言爲荆楚以南司禍福之神此方被妖蜃所害今當禁之于白石湫既覺詢其故得之先時湫水險急舟觸無所不敗乃爲建祠秩祀湫水遂平唐李義山詩神護青楓岸龍移白石湫即此

○邑東南盡處爲堯嶺古謂之東嶺有東嶺神祠李唐以前更爲堯廟其曰秦時建者本軒轅彌明詩中祖龍開國盡遐荒廟建唐堯鎮此邦語耳今

祭品寶出靈川○舜華山與堯山相望下有池曰舜池○又有盤古嶺民建盤古祠于其上盤領而南為半雲山即莫休符風土記所載雙女陵及安南都護晉贊塚地也邑之南界接臨桂之北○縣北十里北障山與堯山對峙高廣稱之山周環八百源其著者滑石泉也泉出黃石似泥非泥昔人鑿以龍首注為唐禪士全用誠依泉結庵居焉宋崇寧間鄒浩竄昭州北還過此題云馬頭今日度巖關十九年前去復還惟有流泉聲似舊凭欄重聽響潺潺南渡紹興六年胡舜陟帥桂易名為漱

玉泉因題詩云奔走塵沙五十程泉聲今夜響泠
泠明朝畫鼓催征騎不使行人仔細聽　我朝
萬曆壬子歲縣令蔣一葵更名道鄉泉蓋湖南岳
麓有道鄉臺張宣公爲鄒忠公設者而蔣令與忠
公同爲毘陵人云按今有道鄉泉碑亭在山心舖
官路側去小融江渡里許○塵沙行串日煙火是
靈川縣只三家市渠通大斛船官空無現俸税重
有荒地太息王郎子棲遲欲四年右宋乾道間知
靜江府張孝祥過靈川作也昔聞嶺外徧江灘今
日方知行路難越鳥啼時紅槿發潭蛟潛處碧波

寒唱歌跳鬼家家重擊鼓招賓夜夜懽獨有風塵流落客每思鄉國動長嘆右國初編修冉庸謫居靈川作也已上俱縣志所載志爲全公賜撰字中甫嘉靖辛丑進士授南户部郎左遷四川簡州同知稍起浙江嚴州府丞致仕于家以著述爲事自號月華山人以邑西南二十里有月洞山臨江其所讀書云

興安縣在府東北一百三十里

唐志全義縣註云本名臨源武德初析始安置大曆三年峒寇萬重光誘桂林等九縣構逆獨臨源

不應因名全義太平興國三年避太宗御名因改
興安舊城在今縣西唐李靖築○柳河東集有全
義縣復北門記在今縣西五十里居民尚以全義
名坊即此○臨源者以地臨湘灕二水之源也舊
城在縣南鄉廖仙井傍遺址尚存按水經注云灕
水與湘水出海陽山而分源湘灕之間陸地廣百
餘步謂之始安嶠即越嶠也水自嶠之陽南流注
灕名曰始安水故庾仲初賦陽都云判五嶺而分
流唐通典亦謂之臨源嶺嶺在縣北三里即全義
嶺也海陽山在縣南九十里山形如覆釜有巖極

幽邃秉燭而入行數百步至水泉處濶不盈尺其
深莫測有司以每歲九月九日致祭○注水經云
始安水又南與溈水合按溈水源出南鄉名桃花
源又有融水出融山二峒中靈水出縣西南五十
里鬱金山俱南流入灕○靈渠在縣北五里即導
灕水者也亦名秦鑿渠始皇命屠睢代越史祿轉
餉乃自零陵上流鑿渠至桂林渠內置斗門三十
六所每斗門閘之以俟水積漸進故能循崖而上
建瓴而下既通舟楫又利灌溉號為靈渠漢戈船
將軍出零陵下湘水即此路後漢伏波將軍馬援

因秦舊渠開湘水六十里穿度城仍折而北入于湘今名中江是也至唐寶曆間渠道崩壞觀察使李渤乃疊石造堤如鏵嘴狀劈分二水每水置石斗門一使制之開灕水則入於桂江壅桂江則歸之湘水又鑿分水渠三十五步濶僅五六尺以便行舟其後咸通中魚孟威宋慶曆中李師中相繼修築之渠上有漢伏波祠○古秦城在縣西南四十里其側有秦王廟蓋始皇二十三年築以限越者通鑑唐昭宗光化元年馬殷引兵取桂州自秦城以北望風奔潰即此宋曹子方詩海窮山盡尚

南征髀肉銷殘只自驚回首長安八千里此中那得有秦城張孝祥詩塹山湮谷北防胡南築堅城更遠圖桂海氷天塵不動那知隴上有耕夫○龍蟠山在縣東十五里本名盤龍唐天寶改今名山有石洞其門數重遊者束炬而入常見龍跡於泥沙中其大如盌嶺表録異云山有乳洞斜貫一溪名靈水溪溪中魚皆修尾四足丹其腹人不敢捕否則有風雷之變○石康嶺在縣西週八十里逶迤至縣後旋而向之其下源泉四出南有雙女廟廟旁有石突出高五丈俗呼神石石罅闊寸許請

雨于廟者用茅採罅以瓶盛之須臾水隨茅出注瓶仰望嶺巔雲起而雨立至○乳洞在縣西南十里有上中下三層其中虛明夏凉冬溫内有清泉噴出沿石壁左流成溪觸石湍急有聲遶洞門而出即下洞也左旋而上十餘步疊石為臺地勢夾塏有田數畦左方三石如柱旁有隙路可通入石室是為中洞水氣蒸潤常有煙霧旋擁又沿石道曲折凡數百級至上洞入門平曠淺溪可涉垂乳玲瓏有五色石横亘其上又行數百步有石高十餘丈色亦五綵石床鐘磬異響殊狀宋李邦彥名

之曰飛霞洞隸書玉谿橋三字又有張孝祥大書上清三洞四字○里許瀨渠有鳴玉洞洞中石筍懸注一石盤承之泉聲琮琮如鳴玉然亦名梵音洞○草聖巖在縣西十五里前有寺今廢唐僧雲崎習華書其中有雲崎書堂及滌硯池巖之東有穴圓如月名月山又五里為白雪峰峙立渠江之側粲白如積雪故名上巖深廣可容百許人○唐承裕宅在縣北二十里五季時承裕自中原避地于此後入宋仕太祖有璽書亭藏藝祖所賜書淳熙間張栻為之記傍有清泉色如碧玉耳冽異常

足供山市數十家里人呼其處為唐家宅按即今
唐家鋪巡司也其裔有唐則字世範唐叟字元老
以文章卓行著聞于時○宋宣和中尚用之任本
路提刑後寓桂州水東石佛真教二寺尚來諸士
夫多與之遊卒葬興安子孫因占籍于桂○王應
辰興安人宋慶元間以能誦九經作春秋語孟義
兼通子史貢于禮部時九歲後數年其弟應申亦
九歲貢入前後試國子監中書省試俱免文解○
元傅與礪興安縣詩亂峰如劍不知名篁竹蕭蕭
送驛程轉粟未休灕水役負戈猶發夜郎兵百蠻

日落朱旗晴五嶺風來畫角清空使腐儒多感慨西南群盜幾時平○明分宜嚴嵩宿興安別署破木古松喧夕籟遠峰寒露起層陰梅花兩岸湘灕水歲晚相隨到桂林（齊安黃珪次韻）路傍花向馬頭放亭外柳垂池上陰愁絕寒崖人不到可憐啼鳥度前林○予閱洪伯常興安志曰興安隋仁壽中置縣唐武德四年析置宣風貞觀十二年省至德二年改興安為理定復為臨源據言梁分始安置臨源縣則臨源何時廢而至至德始復耶唐志通志未有隋置興安之文興安至太平興國元年

避太宗諱始改全義為今名以縣有始安水及始
安嶠併用年號以紀之也興安斷自是時始○志
云點燈山在治西三里有巖為陶隱士讀書處夜
間常有燈光故名按即解學士詩陶生巖畔草青
青也又過二三十里為龍山唐質肅公先塚在焉
質之蔣生中立所搨大宜山碑云宋質肅公先世
之墓也然大宜山屬南鄉原不與龍山為一安知
龍山非質肅公塚耶桂州提刑李師中送唐介赴
貶所詩有去國一身輕似葉高名千古重如山之
句則介為興安人無疑而墓在江側之龍山亦無

疑故解縉詩曰唐介墳前江水聲也其時想必由興安順流而抵全州故題曰過全州偶成云○志以石康嶺有雙女廟不知所自按治南有雙女井流入灘江世傳有王姓者清明舉家皆往祭掃止遺二女在宅風雨暴作忽陷所居二女沒焉其井源深不測首合盡渠則雙女必為神而石康所祀者必此神也○嚴關在治北十七里兩山壁立上鐫嚴關二大字或謂漢歸義越侯嚴出零陵下灘水定越建功由此故名又謂此關當隘路而可畏也桂林諸生徐謹征西記云宋末經畧使馬塈以

阻元兵鑿馬坑嶺斷路處

陽朔縣在府南一百四十里

本始安縣地隋開皇十年分置取陽海山為名水源所出北流為湘水湘中云記湘水之出於陽朔則觴為之舟至洞庭日月若入於其中也按金石古文有云漢陽朔磚字字畫奇古則陽朔之名亦既久矣置縣曰始于隋○縣舊名歸義有古城在今治西十五里之歸利鄉○古樂州城在縣南二十里白面村山下唐武德初置樂州於此後移入平樂○新林驛在獨秀巖之後分置歸義縣時有

此唐貞觀初併入陽朔遂廢今人尚呼驛頭街○葡萄驛 國初洪武二年立正統間廢即今之葡萄墟○今驛名古祚原在縣北十五里其移北郭龍頭山下亦以正統時○龍頭山高百餘丈以形似而名唐詩人曹鄴家在焉今建慈光寺于此○縣理設在都利山下注水經云灕水又南逕都利山是也以出香草故名一曰都荔漢樂章云都利遂芳即此治南數百步為鑑山其石光瑩與縣治拱揖時見人物車馬之形有鑑山寺唐同光年建有宋太宗御製碑○烏山在縣南五里濱江其形

如鳥舒翅而立下有白鶴觀基址○東人山在縣東南十五里北山之狀似人冠帶而拱揖其西亦有石如人冠帶若坐而受之者宋縣令萬霽詩數里西山路千家夕照村霞光迴樹杪山影倒雲根吏少空庭舍人歸附郭門地偏風俗好鷄犬任黃昏○碧蓮峰在縣西十五里峰巒重疊簇出如蓮華唐沈彬題云陶潛彭澤五株柳潘岳河陽一縣花兩處爭如陽朔縣碧蓮峰裏住人家○里許為威南山其下有吳威南將軍墓又為塘山下有湯泉瀦流為淵山巔之氣與威南相接傍有乳洞中

多滴乳觀源之溪出焉○屏障山在縣治左峽其狀正方如屏宋陶弼詩名山愛陽朔平陸逼峰巒郡境夫中折人家缺處安○寨山在縣西二十里稠密四固如寨馬氏湖南割據置戍於此山下即歸義故基也其東爲讀書巖曹侍郎鄴讀書于此國初忝議解縉詩云陽朔縣中城北寺人傳曹鄴舊時居年深寺廢無人住惟有石巖名讀書○畫山在縣北五十里灕江之上九頂屹立丹崖翠壁望之如繪○廣福巖在縣南二十里中有複閣堂殿兩傍石窒疊如僧龕有羅漢像俗即名羅漢洞

也今為戍籍居之溪橋樹色宛若桃源〇繡山與
臨桂接界舟入陽朔必先歷此亦可以棹艇遊于
其中〇東嶧水在縣西北雙月溪在縣東南各三
里許達於桂江〇西溪發源縣西山曲折遶明珠
洞前入桂水〇興平水在縣北三十里源出寶子
山南流者為興平與桂江合北流首為零陵水出
道州〇犀潭在縣西三十里龍濟松江二橋水滙
處中有石穴云犀所藏岸傍細草如茸呼曰犀草
〇飛泉在縣西五十里泉湧山腰懸石百級飛注
而下如掛銀河入于桂江〇唐吳武陵陽朔縣廳

壁記畧云群山發海嶠頓伏騰走十里而北又發衙巫十餘里而南咸會于陽朔陽朔經四百里孤崖絶巘森聳駢之類三峰九疑析城天柱者凡數十里如樓通天如闕刺霄如修竿如高旗如人而怒如馬而嚙如陣將合如戰將潰難乎其狀也而又灕江荔水灌織其下蛇龜猿鶴焯燿萬怪縣分山間其土黄壤其方十里其勢險其形感千人守之十萬不能攻東至邕容交廣之衝南扼賓巒巖彖之隘一日有盗則吾搤其吭而有餘縣西七步有石渠其後十仞仞之下有洞洞有水深百尺上

有亭可以宴樂遊處肆在亭西廩在肆西鄉吏士胥吏人商賈夾江而宅基置山足山多大木可以堂可以室其花四時饒紅紫望之森然猶珊瑚瓊玖予又不知夫崑崙崆峒其名安取而勝茲茲籍户五千其税緡錢千萬於桂為大故俗獷而人狡吏苛而政暴尤難其正寶歷元年正大夫有事罷渤海李淣裁縫其闕浹時而俗咸變又以見吾宰之能官入也○按吳武陵所稱海嶠衡巫諸山會于陽朔者蓋指海陽山而言即靈輿二縣界之陽海也其地在楚粵之交為一嶺所限嶠以北皆荆

楚之域也海者泉盛大之稱水北曰陽故曰海陽其水北趨而分湘灕者為龍巖又東南出泉曰掉巖水下陽朔一山一巖分湘灕朔為三水故名三山海陽今始安嶠去陽朔下蒼梧者乃其故道故漢書曰或下灕津或下陽朔也○宋陶弼到陽朔縣五管新多事輕車屢往還勤勞成白髮故舊是青山樹色纔分楚江聲未出蠻自慚迎候少無惠及孤鰥又石壁深深遠縣衙不離床衽見燈霞民耕紫芋為朝食僧煮黃精代晚茶瀑布聲中窺案牘女蘿陰裏勸桑麻欲知言偃絃歌處水墨屛風

數百家按𡊮字商翁零陵人宋慶曆中從楊畋討湖南猺有功得授陽朔簿久之復令陽朔故有再至之語𡊮在任課民種樹休蔭道旁他郡縣數百里内悉效之

全州在府東二百五十里領縣一

本漢零陵郡之洮陽縣也隋平陳改洮陽爲湘源唐因之五代晉天福間馬希範請置全州改湘源爲清湘縣附郭　國初設全州府後仍改州以清湘省人○按全州之名本于湘山寺僧全真也詳本山下○零陵郡故城在州北三十里地名梅潭

城塹俱存又五里即故洮陽縣水北曰陽以洮水遶其南也俗名改州灘有驛曰山角驛即洮陽驛矣○湘源故城在城西七里地名栢橋後周顯德三年徙入城今長盈倉其故址○湘水之南五十里有越王城即水經注所云越城嶠也後漢建安十六年吴交州刺史賴恭自廣信合兵出零陵憩于越城以卻步騭者○方輿勝覽云照紅樓高屏樓曲水亭依綠亭楚南偉觀樓俱在郡圃今廢零刺史柳開楚南樓詩洗盡蠻煙几案空登臨直見楚山雄坐當鴻鵠高飛處身在乾坤灝氣中木落

有情瞻北闕霜輕無夢入西風凭欄自是蓬瀛客
獨對瀟湘興未窮○按開自仲塗宋開寶進士端
拱元年知全州時西溪洞蠻粟氏亂開至出府庫
金帛率牙吏勇辯者三人招其酋賜衣帽緡錢親
為撫慰居數日遣還如期携老幼數百人至公悉
加賞犒營室以居作詩鑑一篇示之刻諸石公無
事常畱連山水任意嬉遊自稱無礙道人故王禹
偁集中送聊無礙序有云江山猿鳥之姿雲泉竹
樹之美皆在指顧中矣○湘春樓州城大南門也
宋陳覬有詩今名鎮湘○皆山樓在清湘縣南宋

紹興間令安圭建揚萬里記今爲鐘樓○捲煙閣
在州西磐石山椒取柳仲塗詩中語也柳詩云古
寺聳山椒公堂去不遥尋僧忘俗慮盤道出塵囂
踈箔捲煙霧明眸望泬寥漁翁江上立指我在雲
霄○唐黄滔寄湘中鄭明府縣與白雲連滄洲況
縣前巖僧同夜坐江月看秋圓琹拂莎庭石茶擔
孔洞泉莫躭雲水興疲俗待君痊宋陶弼過清湘
嶺開巒土斷此地下湘川緑水紋如染丹楓色欲
然瘴消還愛酒兵解尚憂邊故里誰相訪孤帆出
曉煙○湘山在州西一里峰巒蓊鬱巖洞幽深絶

頂有飛來石相傳自羅浮飛來者其稍夷處曰笥布臺寂照大師經行之所有湘山寺唐咸通一年建寺門二層徑長百餘丈始入殿由兩廡升遶殿後有浮屠俗名無量壽佛塔即師示寂處也巔有甲亭眺覽郡中如在畫圖林岊詩云雲歸楚峽靜江入甲亭幽即此又有法華玉虬二泉（宋折彥質詩寓久渾忘各臨行似別家途窮身更怯秋老鬢先華生計黄节合歸期碧海賖湘山今夜雨留我意無涯（韓駒詩）湘南第一境山水足娛人塔占飛來石僧留過去身雲泉蒼壁曙竹樹絳園春羨爾

安禪客脩然不受塵□魏禹卿西事珥云湘山寂照大師俗姓周名全真郴州人初遊吴越謁師於雙徑得安樂法作偈云有物先天地無形本寂寥能為萬象主不遂四時彫人皆知其有悟後訪勝得湘山葥布臺因住持爲會昌汰釋氏師一夕生肉髻鬚髮併長乃依紫霞衣入覆釜山結菴而居刺史韋宙迎之四門各見其入莫辨其孰真也示寂時年百三十二歲其遺蜕在湘山妙明塔孜内典以慧而覺者曰熾盛光佛以文而覺者曰無量壽佛則無量壽自有别義佛之壽固不以年也○

柳山在州北二里郡之主峰舊名北山為柳刺史
所遊賞因即其姓為名有寸月臺拔地七十丈岡
巒廻複禽鳥希踪二江東流波影炫目柳公仲塗
築室讀書有書堂紹興間州守林邕為之記魏禹
卿云廹日柳山書院應泉井中有巨石乘風雨飛
入井内昂首低尾狀如龍馬其高廣正與井之石
甃相似實嘉靖壬寅四月七日也○湘水發源于
陽海與灕分處地名鏵觜滙而為潭名曰溪潭導
入中江在湘灕二木之中陽海之舊江也○洮水
出州北三十里之文山山下出泉漬潄有聲故名

水經注云洮水出洮陽縣西南東流注于湘水漢英布軍敗走江南高祖令别將追之擊布軍于洮水南北皆大破之如淳注云洮陽之洮音韜蓋布舊與長沙王婚其敗也布往從之洮水出長沙國境内故布之軍大敗于此劉宋武帝繼母舅蕭卓為洮陽令文帝元嘉三十年宗慤以功封洮陽侯皆其地○羅水出羅氏山經州西五里飛鸞橋灌水出灌陽縣南經州南二里小村口俱流注于湘○州東南合江門對岸有山巋然舊名鉢盂山即羅灌入湘處　明知府顧璘易為完山有合江亭

觀察茶陵龍大有建（舊刻詩云）高秋來眺合江亭江上新生白鶴汀塞北風煙聊息駕湘南丘壑自忘形十年髮髮為離騷變十里雲隨嶽麓停同是明時投檄侶倚看雙闕對秋青○三華山在州南五里與湘山寺正對頂有三峰形如華蓋湘江遶出其背明黄暉詩（金）翎拍海山烏鳴寒光拂曙天欲晴溟濛端靄洒霏翠仰視不見華峰青須叟捲幔上林薄傍柳縈花繞城郭南山玄豹藏已久文彩斑斑變龍籜○隆城山在州東一里有古頹垣如城塹狀○獅子巖在州西四里以形似名亦即湘

山之一峰也經由歸雲菴而上有白石如帶可五六丈許側隘不可通俯視石罅僅二三尺秉燭而入深廣可容二百人中有數疊如階磴然又十里為石燕岡有巖高深二十丈時有石燕廻翔其中○礲巖在州北十五里飛泉如練琮琤激越故以礲名中有石田石鼓蓮華臺閣之像甚多宋胡寅謫居清湘遊此鐫五言古詩十二韻諸石又城西南三十五里有青田巖城南四十里有波斯巖皆稱絕勝○倚石山在州南六十里以巖石相倚故名建安之水出焉舊設建安驛處○神仙巖在州

北六十里為古神仙所居有石刻幽徑二字○黄華山在州東北六十里郡國志之黄山也横亘如榜舊名獵山○覆釜山州西長鄉跨湖廣新寧縣界其山上接層穹下臨無地遊者扳緣絶壑而上有天馬佛足諸踪㢕掃階竹僅尺許葉密而小乾久不脱○鈷鉧潭在州西境宋吴曾記云予布衣時從内翰汪翁彦章遊汪謂予曰柳子厚所記零陵山川問諸長老咸不知所在每為之嘆息予乾道辛卯六月來守清湘偶長樂鄉四十七都民有投牒互訴櫟林灣乃鈷鉧嶺也予欣然曰此子厚

之所記也方子厚時湘源猶未建州故屬零陵與記中語合予以居官不得出常恨不獲親至其所考子厚之記散行宴坐乎水石之間覽小丘冉溪袁家庄之勝以慰其平生而汪又去世矣久不及告其所未知者故著于兹以為好遊君子指踪焉〇范九皐廟記云虞舜二妃廟在城南一里漢初平元年建唐元和九年重修柳宗元為之記〇伍子胥祠在江頭村其民伍姓者合祀之漢鄧禹祠在龍水墟鄧姓者祀之〇亭渡廟在城北昇鄉渡南祀英布韓信彭越三像〇趙大夫廟在城南三

十五里或云晉大夫趙宣子也廟記以五代時有趙侯者河東人為湘源令因家焉即所居立廟祀其先祖鄉人以感應祠之〇中殿廟在州北六十里山口肇自後唐天祐時原設白茅灘宋天聖間遷此〇柴侯祠在州西四十里大陂之陽宋嘉定中賜額威信侯名崇趙唐末人為河北邢州守棄官聞湘山寂照大師道行來從之遊僧衆稱曰柴君歿後年餘忽積雨瀑漲溪水湍急有大水自覆釜山湧出下陂江已而泝流復上五里夜聞空中有聲云吾柴君也欲于此建廟鄉人以其木刻神

像祀之號柴君祠宋初州境寇至侯現神兵列城
壘前賊懼望風奔潰紹興間有孔彥周曹成之難
侯顯化如初今城西湘山麓者其行祠云○盤石
廟宋黃庭堅記曰廟在州西三里許故全州使君
王侯廟也侯諱世行字祖道開封人初任全州都
巡檢使會儂智高入寇世行率民調兵以扼賊衝
百姓安堵湘人德之安撫使吳中復等薦其可用
擢守全州州益大治歿後立廟于此盤石之下有
泉出焉是為盤泉一名玉髓泉其味甘冽○志云
章復鄱陽人洪武元年知全州府與同知淮安李

習協心民事嘗植松亘百餘里勢若參天大者至五十圍廣蔭道路人謂之引路松徐謹西征記以為宋咸平初陳堯叟所植云○周健錢塘人宣德初知全州任滿民千餘詣闕請留乃進奉直大夫還治少師楊士奇贈以詩有歸到清湘三月暮郭南騎馬勸春耕之句○顧璘字華玉應天府人正德間守開封以忤中貴謫知全州最久所著有浮湘集州北二十里廻龍巖其所開也○唐諫字子方宋元符間以三舍上書論時事後入黨籍屏居田里久之易名登政和五年進士知峽州時士

夫出蜀者皆挾巨商重賕公盡發之卒以謗免友人贈詩云但得歸舟輕似葉何妨蜀客怨商征○廖遂明者尚氣節工文詞尤長于樂府陳尚誼南遷過全州郡將待之甚峻遂明獨相勞問如故舊了翁北歸學士折彥質亦貶嶺南道過之問南中相識以遂明薦彥質因邂逅與語其悅欲與之偕遂明慨然不辭一日渡海風濤大作遂明持劍厲聲曰有宋忠臣在風濤遂息其壯勁如此○唐仁杰苦吟樂隱時同調陳德誠出守池陽仁傑以詩貽之云紅旆渡江霞醮水青蛇出匣雪侵衣德誠

善之因勉其入金陵會休沐朝士集于昇元寺召仁傑往酒行請賦登閣詩仁傑沈吟少頃立就有句云雲散便宜千里望日斜長占半城陰衆皆閣筆如元白之遜楊汝士也○朱晃字德父元符中王鞏坐司馬光黨貶全州晃偕弟裒從之遊鞏每評其兄弟晃真純不苟裒開爽有文後晃以孝行聞于朝至和二年賜粟帛黄魯直南遷過其家贈以詩云萬里瀟湘一故人白頭親老尚懸鶉環家但有千竿竹望目空耕一畝芹其風致如此○陶崇字宗山十歲賦詩有驚人句登嘉泰二年進士

召試館職慕柳子厚為文嘗撰宋鐃歌鼓吹曲及楚詞七叙以進理宗甚嘉嘆後陳時事忤權貴出知信州卒于官所著有激齋集○蔣公順字成父從魏了翁遊學有所得嘗築室湘濱名其居曰鷗寄日吟咏讀書以自適鶴山為之銘　國朝于中字子正以學行稱洪武初應辟授監察御史内置賦詩有太液暖風吹御柳瀛洲春日醉仙桃之句為時傳誦立朝彈劾不避因忤旨謫雲南歸厚縣丞捎起南雄府通判卒所著有黄鶴山樵詩集○成弘之閒蔣昇蔣冕兄弟也昇仕至南京户部上

書晁大學士仝時乞休為海內名德（已上皆全州人）〇宋管及其先縉雲人因遊清湘家焉崇寧間為宜州理曹黃魯直被謫至時黨禁甚嚴親知絕跡及周旋之甚篤將別山谷書折桂亭三字貽之〇李壁字白夫武緣縣人避交冠之難居全積書至數萬卷日與生徒誦讀其中（已上皆流寓）

煙閣遙聞向曉鷄水平舟靜浪聲齊高林帶雨楊梅熟曲岸籠雲謝豹啼二女廟荒江樹老九疑山碧楚天低湘南自古多離怨莫動哀吟使客淒右唐張泌過湘源作也

歌聲野色中人樂歲時豐著雨陰晴雜秋田早

晚同嶺雲無烈日江樹足涼風自指鄉山語前村有路通右宋陶弼題霞溪驛也北戶書蘋到南雲雁不飛試評騎馬路何似釣魚機擊析黃茆店篝燈白竹扉故園桑柘煖亦有稻魚肥右范成大宿深溪驛也文殊堂中松永日如鳴琴我登雙松堂時步雙松陰下有寂莫人安禪無古今右黃庭堅題雙松堂也南北東西幾萬峰郡城如在畫圖中何人栽斷湘妃竹半點秋江作釣筒右陶全過全州作也霜林紅葉襯桐花路轉崖根百尺斜霽日斷雲成徙倚湘南秋盡未還家右朱子恭題招義

驛也陶生巖畔草青青唐介墳前江水聲兩岸好山看不盡畫船撾鼓到全城右國朝解縉過全州倘成也千章喬木拂雲齊一徑松陰路欲迷泥滑草深行不得滿山風雨鷓鴣啼右黃鎬入清湘遇雨也已上皆旅客

灌陽縣在州南九十里

隋大業中蕭銑析湘源置汶灌水去縣南九十里自興安界流入水北曰陽故曰灌陽也舂陵古碑考云後漢獻帝有熊尚初者拜騎都尉灌陽長縣號沿之大學士蔣冕記以灌陽有縣自孫吳始即

其得蜀零陵等四郡時云○峽山在縣北五里夾江峙岸幽聳蔽日形似三峽故名縣有沙羅馬渡龍州𨽻川諸水咸滙于此東流入湘𣲖水經注云觀水出臨賀郡之謝沐縣界西北逕觀陽縣西即此水也灌古謂之觀其入湘處謂之觀口○華山在縣西南七里有虞帝祠江水遶其麓唐馬戴湘川弔舜詩伊予生好古弔舜蒼梧間白日坐將沒遊波凝不還九疑雲動影𡼓野竹成斑鴈集蕙葭渚猿啼霧露山南風吹早恨瑶瑟怨長閑元化誰能問天門恨久關○通真巖在縣西二里又名靈

巖前後洞門敞朗約深十餘丈廣二十餘步如大廈形又八里為仙源洞世傳有柳子厚遺跡其傍有大源塘○打鼓洞在縣西四十里水經注云觀陽縣東有裴巖其下有石鼓形如覆船扣之清響遠徹即此洞也其水流入灌○井院泉在縣北二十里又十里為新墟泉俱在興安界來流入灌江小富水在縣北六十里自旗嶺山流經昭義乱江以入于灌○沙河之水出九龍巖中通別澗有石藤九其形盤屈如龍水流入灌陽灘（唐戴叔倫宿灌陽灘絕句）十月江邊蘆葉飛灌陽灘冷上舟遲

今朝未遇高風便還與沙鷗宿水湄

永寧州在府西百五十里領縣二

唐析始安縣地置純化縣永貞初改慕化乾寧初又析置古縣　國初改古田成化間沒于夷隆慶四年都御史殷正茂平之疏改設州曰永寧○州主山爲寶蓋黃源之水出馬北流合永福水入平灕而州北之大長江源出都很山州東之東江合四源水皆注之○方輿勝覽云東郭先生廖扶家有丹砂井一族數百口飲此井者皆百餘歲按州東有巖名百壽舊名夫子巖宋紹定己丑知縣史

渭鐫百壽字于石崖蓋指此也今豎有平古田碑
○虎踞巖在州東南二里石柱崢嶸光明弘敞乘
炬而入有石大士滴乳天成從巖而下又有金竺
巖深胃廣邃流泉一泓其上凝留物象森錯○將
軍巖在州西五里洞門之右若將軍踞坐然入半
里許上下方子如砥有石乳恍垂芝撤網等狀○
穿巖在州西三十里穿成複道如覆廈屋坦長二
十餘丈人馬通行之地忘其為奇也○天村山在
州西南一百里山頂有田居民耕種成村故名○
都俍嶺在州北六十里初黃巢寇嶺南溪峒蠻應

之邕州城主者執當堅守于向曰徒示弱耳即上馬引兵與賊戰于都很山連挫其鋒巢斂衆以避乃逐利深入大戰于洛陽坡後兵不繼向氣益振提刀横擊賊莫敢攖會暮峒蠻散去向彼重創道卒巢因陷桂管按向字仁忠臨桂西鄉人時署高騈牙門將云○宋高登字彦先漳浦人少孤力學宣和間爲太學生與陳東等上書乞斬六賊不報紹興二年廷對極言無所顧避有司惡其直授富川主簿轉古縣令廣西帥沈晦問登何以治縣乃條陳十餘事晦曰此古人之政令人詐疑不可行

對曰忠信可行蠻貊謂不能行誠不至爾豪民秦琥武斷鄉曲持吏短長登白郡及諸司寘之法一郡快之帥胡舜陟謂登曰古縣秦太師父舊治實生太師于此盍祠祀之登曰檜為相亡狀祠不可立舜陟大怒摭秦琥事誣登專殺詔送靖江獄屬母死藁葬水次登假歸葬其母訖事詣獄而舜陟先以事下獄死矣登事卒白

永福縣 在州西一百里

唐武德初析始安縣之永福鄉置即以其鄉為名我朝省理定縣入焉今有理定堡○鳳巢山在縣

城北本名華蓋隋大業二年鳳鳥來巢百禽集千山下宋建隆間復有雙鳳巢之守臣以聞詔遣使鑿巢下石得美玉故以為名山頂有玉液池其下即王世則故居太平興國八年狀元也○麻蘭山在舊理定界距縣西南六十里寰宇記云從府至柳州路經北山過溪百餘里方至平路山中有毒出尋溪水行有伏流有乎流峭絶險隘更無别路柳宗元詩桂州西南又千里灕水鬭石麻蘭高唐桂帥旱禱多由此其水流為下漓川以入灕木皮丹竹二江俱自古田界流出注焉而平樂府之修

仁縣界古礫江茘浦縣界之石流江亦相灌委○太和山在理定城後崖谷盤紆西南有江自古田出名太和江嶠南鎖記云靈渠自北而南三十二陡又由灕通銅鼓水自東而西入永福六陡六陡冬月水消則涸絶不行○又云自理定西行麻蘭烏沙諸嶺險絶刺天無蜿蜒迤邐之狀路極逼仄每過嶺則直上至絶頂乃下下抵澗水乃已度澗又復上如此者三四程聞之飛雲九折勢雖險峭尚可來車策蹇而行不至若是也諸嶺每過狹處謂之阬子必有大小石子一堆意必戍上積之以

備他虞者及詢之則云行人過此必從山下携石一塊寘其下祝云願增脚力○宋李師中和李明叔理定道中幽居日日數歸程已寫華嚴兩帙經門外初寒江氣白嶺頭多雨燒痕青曾逢飯顆嘲山笠應載鴟夷笑井瓶客土相思空別望天涯風景似新亭按理定廢縣即今橫塘驛基盖元時自清音驛移來者○全州志云唐時登政和二年進士初授理定縣有愚政其子朝後以蔭補亦宰理定民間頌其作述之善時仕至澧州守

義寧縣

在州東一百里

寰宇記云石晉天福八年析靈川歸義縣為場後因陞縣曰義寧○靈鷲山在縣西南十五里峭拔高峻上有瀑布泉白鹿菴又五里為巖洞山高數十仞容十餘榻泉繞澗前舊傳有桃花片大寸許從洞中流出有題詩石壁上云跨鶴曾來不記年洞中流水碧依然紫簫吹徹無人問萬里西風月滿天○義江在縣北七十里源出丁嶺流至蘇橋分為三入水福江一歷銅鼓墟東流合相思水入灘○屐齒痕在江口石磯上相傳蜀漢時有武當者偕諸葛武侯征牂牁溺智惠江死馬英靈白晝

擐金甲揮刃大呼響應山谷嘗臨流踞坐磯上屐痕宛然可觀○宋淳熙間張栻知靜江府嘗按縣至義寧為書義寧縣學四大字刻石見存○廬陵曾垓通判靜江主管義寧觀農公事節用愛人嘗修庀公署不勞民而訖成功○縣西南有香林寺唐咸通五年建即宋咸淳間遷學來者○北門外有聖德觀宋寶祐三年建

廣西名勝志卷之二　終

廣西名勝志卷之三

閩中曹學佺能始撰

平樂府在省城南二百里 領州一縣七

唐武德初以始安郡之平樂縣置樂州貞觀改名昭州元大德間陞州為平樂府 大明因之○唐李商隱昭州詩桂水春猶早昭州日正西虎當官路鬬猿上驛樓啼繩爛金沙井松乾乳洞梯鄉音殊可駭仍有醉如泥宋梅摯云我愛昭州路優游不險崎九疑通舜埜八桂遶秦祠亭堠相望處漁樵有讓時政平無虎鬬莫信義山詩○天繪亭夷

堅志云昭州郡圃有亭名天繪建炎中郡守李丕以興金國年號同欲更之乞名於徐師川久而未得以范某者為易曰清輝已揭牓而師川來謁李視積壤中有片石斑斑如有文字取而滌之乃此亭舊紀其畧云予擇勝得此亭名以天繪取其景物自然也後某年月日當有俗子易名清輝者可為一笑考其命名之日與此不差今亭在西山福聖寺考亦不存○明宣德間知府唐復字永亨毘陵人重葺郡治建書樓于府學明倫堂復繪古勤學者以風諸生名曰昭文○西山即昭山也距城

西百步灕樂二水滙有巨石逕百尺屹立水中其
石正方如印亦名印山○按灕江發源陽海自桂
林府來至平樂乃名府江以昭州及平樂縣在唐
宋之季俱屬桂林水經注曰吳孫劉蒼梧之境立
以爲縣北隸始安是也平樂至元時始得自稱府
而府江之名本于此○水經注云始安豁水又西
南注于灕水謂之平水志云樂水源出富川上鄉
越荼城縣逕至郡城入於灕灕樂二水滙處蓄而
爲潭其深莫測名曰昭潭下爲十六灘最險峻今
昭潭驛沿其名又上有更鼓灘荔浦江自西南注

之曰荔浦江口舊平樂縣設此○古州城在府西南樂山里相傳隋唐時築今訛爲孤舟唐中書令崔玄暉與張柬之等謀誅張昌宗奉中宗復辟後因武三思譖貶玄暉古州司馬尋遣人殺之於此○唐刺史敬超先爲杜甫善甫寄高適詩序有云今海內忘形故人獨漢中王瑀昭州敬使君超先在耳城北龍興觀有敬公井尚存○明督學使蘇濬沿革論曰昭介桂梧西北近楚清湘九疑鬱相樛馬東南入梧巨石急灘如坂上走丸溪峒林越多爲猺人所盤據一夫不靖醜類陸梁近且芟夷

而蘊宗之刋山通道㡳爲周行而又增置樓船繕
修校壘廼今單騎直馳往來如織重裝下上帖席
而安盖千百世之利哉郡治故寥濶山田仰泉不
甚作苦節茨竹户魚鹽粗給庶幾稱小康云○府
城宋治平元年太守汪齊築至乾道乙酉歲太守
葛永慶修治之議鑿後山爲壕不果　國朝洪武
十三年增設守禦千户所始拓開于外三里合之
得五百四十有一丈○廢樂州城在府西南三里
唐武德初刺史汪齊賢築○廢永平縣在府東北
歷塘村隋開皇置宋開寶中廢○廢龍平縣在府

東南百六十里梁靜州及龍平郡唐富川皆治于
此今屬昭平縣思勲里

平樂縣附郭

釋詳府下然縣自吴甘露元年分富川置則先于
府久矣○鳳凰山據城東北勢如飛鳳層松千株
干霄拂雲爲一方之形勝有梅公亭遺址宋景祐
中龍圖梅公摯守郡時建○南山在昭潭南岸雙
峯挺出峯下有巖深廣數丈資聖寺設焉○東山
距城一里多竹木宋嘉祐中里人太子中舍韓迥
瀺于仕進隱焉號東山野叟轉運李師中有詩題

其隱所○仙宮嶺在府城北宋元符間鄒浩謫居以江水不可飲汲於數里外後所居嶺下忽有泉湧出因名感應自銘之曰有穹其山有澄其淵動惟厥時以出斯泉沛然莫遏其源我感我應其來自天及將北歸數日前泉乃涸浩使人濬之乃於亂石下得蟹一枚自放於江曰予至五嶺不見此物數年矣亂石之下又非所宜穴也何從而出耶易不云乎物不可以終難故受之以解蟹者解也天寔告之矣是夜有人至門厲聲呼曰侍郎歸矣求之不見次日果獲賜環○徐師川集有訪鄒道

鄉故居詩序云十一月九日攜二豎子邀單秀才步出古觀之西北求鄒侍郎忠公寓舍於拾青閣故基其詩云履霜頗强健晨興恣所適兩兒休藍輿呼客同蠟屐危橋出隘巷憑高聊物色蒿然但林莽蕪廢長荆棘井竈那復遺江山依舊碧要知千載下懷賢求所歷按師川名俯黄魯直之甥也魯直謫宜州師川來訪舅氏魯直卒俯寓昭州者久之○道鄉書院舊碑　國朝嘉靖丁未歲縣令李圭于道中得井欄一面滌其泥檥有字漸露乃斷碑也遂徧求之吏得數片惜不能成章乃爲置

之學宮〔其詩曰〕道鄉書院久銷沈誰憶殘碑此日尋天為忠賢留勝跡人於夢寐感知音貞珉宵遯風霜變紗畫元非鬼物侵讀罷益增今昔感斗山應借重儒林口忠公同時有元先者昭平人嘗從公遊公亦至其家及放歸有詩別先云不因投竄抵昭平那得相逢一笑親塵裏豈知居士意山中聊見宰官身周顒尚以家為累元亮惟知酒是真莫遂于心更何語撥開船于過醪津○眉山在城東南九里峯巒秀聳宛如眉黛故名又里許為縈山山有九峯縈紆曲折莫窮其致○白雲巖在城

東十里叢林蓊蔚洞門翼然有古藤盤繞之其中寥々廓盛夏常寒々成聲肖象之屬甚夥○華蓋山在城西十里夕陽返照有似火焰　國初解縉詩云火焰山危下夕陽即此山也○岑山在城北十里郡峯迴合環擁郡治故名近城五里有龍嶽峯宋鄒忠公得志軒云前有峯數十仞曰龍嶽即此一名龍躍考槃之水出焉跨澗有橋曰覽勝○聖山穿山誕山俱在縣東北樂山里聖山者以譚氏二仙女尸解于此而名巍峩插天絕頂高平俗呼仙殿石前有梳粧臺左右列翠竹二枝仙子將飛騰

清風徐來疏篁拂座爽氣瀟然口穿山三峯並立半壁間一圓竅可通往來口誕山亦有三峯譚氏二女産此山下及長修黄老之術不知所之一日里人以不雨為憂二女至謂之曰汝能餉我即可得雨翁第餉之未信也二女甫去果大雨如注翁知其神追覓不見山下呼之則上應山上呼之則下應循至一巨石四周無草木二女之衣帶在焉翁異之白其事於衆是後恒見二女於石上櫛髮因建廟山下祀焉○後唐陶英字世民世為青州人累官太尉天祐二年上書言事指斥時政忤朱

全忠因授太尉征南將軍領兵八萬出鎮昭州故以疎之明年全忠篡位英懼禍隱于誕山家焉同時有李太尉者簪纓相似子孫累代締姻其山下有峒因目爲陶李峒○誕山之水北流至榕津與沙江合即故沙亭縣也其上有走馬坪○縣之津平里在虎步江口有廢茶城縣址其上有目巖高數十丈下有巨石近頂左右有兩小巖宛如人目黑白分明見荊州風土記

賀縣在府東二百八十里

本秦臨賀縣三國吳以爲郡隋平陳改置州唐宋

如之臨賀皆爲治所　國朝省臨賀入州後又改
州爲縣宋之省封陽蕩山元之省桂嶺皆析臨賀
置者今爲桂嶺蕩山等鄉○按桂嶺一名臨賀漢
書張耳傳秦有五嶺之戍廣州記大庾始安臨賀
桂陽揭陽謂之五嶺是也盛弘之荆州記云臨賀
山中有二竹大數十圍有盤石徑四五丈清滑如
棋局二竹屈垂拂掃石上絶無塵穢未至數十里
風吹竹音如笙簫臨水出焉流合賀水元和郡縣
志云臨水一名賀水源出富川即此水也臨賀水
逕龍門灘水深百尋大魚自躍登此門化爲龍不

過者朦朧點額右在縣東南一名龍谿○浮山在縣東十里挺出江中雖洪濤汎漲此山不沒上有迎碧亭○甑山在縣西十里高千餘丈舊名幽山唐刺史李郃來遊名瑞雲宋守鄧壁以此山多雲氣因改今名其上有泉注為池名曰仙池○仙池之水流入橋江以注于賀而玉山泉天堂嶺之水皆注焉按玉泉山在縣西北天堂嶺在縣南各去十里其泉皎潔四時不絕縣北二十里有七十二峯攢奇競秀其中多橘是曰橘山乃橘水之源也唐時有銅冶今廢○按莫休符風土記云天師舊

宅在賀州道籙以爲玄中大法師今以宅爲廟廟中有美異果實往來人食之無患惟勿採取則必致禍○唐書李郃列傳郃字子玄延唐人因劉蕡對策切直爲時宰所抑郃與裴休杜牧等二十二人中第郃曰劉蕡下第我輩登科能無厚顔疏言蕡策漢魏以來無與比臣對不及蕡遠甚乞回所授以旌蕡直不報爲賀州刺史賀人愛之至改甑山曰瑞雲云其時咸通間宰相韋保衡出爲賀州刺史留意吏事不以舊宰輔自居人亦稱之○宋大中祥符時道州人周輔成舉進士授賀州桂嶺

令終其官以子敦頤貴贈諫議大夫○文獻通攷
有本政書十三卷南軒張栻荅朱元晦柬云賀州
林勲本政書想亦須見其人一生用功于是持論
亦可貴又於其家求得數書有論屯田頃目亦具
有功今給抄錄續當奉寄敬夫時為静江府帥云
○通志啟聖紀云孝穆皇太后　孝宗皇帝母賀
縣人幼入宮成化五年　憲廟召幸有娠萬貴妃
知而恚之百方苦楚胎竟無恙　上令託疾出居
安樂堂以痁報而屬門官嘗視六年七月己卯誕
皇太子是為孝宗皇帝太后少乳太監張敏使女

侍以粉餌哺彌月西內廢后吳氏保護之尤謹已而悼恭太子薨萬貴妃無子禁中漸傳西宮有皇子　上與貴妃始召見相持泣下於時皇子六歲矣矩度不凡上撫之大喜從　太后永壽宮亡何暴卒京師籍籍有異言追封淑妃二十三年　憲廟崩　孝宗即位尊謚孝穆皇太后有縣丞徐頊者請究　太后崩逝之由禮部以為且與太獄株連蔓引非　先帝意從之但訪求　太后親屬之在廣西者紛紜良久竟無所得或云　太后李姓入宮時誤稱為紀又以為太后家在賀之迎恩里

白龍塘母孕　孝穆將免忽一日龍塘水盡赤已
而孝穆生云

荔浦縣在府治西八十五里

本漢舊縣屬蒼梧在荔江北因以為名唐以縣置
荔州尋廢宋以永寧縣省入○鵝翎山在縣東五
里巖壑相承虛明變幻中有巨石如鵝故名或云
娥英語音相近（宋甘叔異詩）俗謂鵝翎未便然鵝
英恐是古時傳谿聲流盡蒼梧淚斑竹林中聞社
鵑○卧山郡國志云荔浦有卧石其形似人而舉
體青黄隱起可以祈雨小舉小雨大舉大雨○荔

江源出崇仁縣荔山今入永福界輿地記云荔漢多桂不生雜木樵採皆桂有丹竹江出峯門瀨水出魯山其流皆入焉○鏌鋣山在縣北四十里險峻如仞昔人置關其上即漢地里志之荔平關也土名界碑峽○水經曰灕水南過蒼梧荔浦縣注云瀨水出縣西北魯山之東逕其縣西與濡水合出永豐縣西北濡山東南逕其縣西又東南流入于荔浦縣注于瀨谿又注于灕水之上有灕水關灕水又南左合靈谿水口出臨賀富川縣北靈符岡南流逕其縣東又南注于灕水○徐徵字君求

蒼梧荔浦人漢延熹中仕郡為督郵適中常侍唐衡遣客至蒼梧買珍奇客怙衡勢多減所直又淫酗過甚徵便收客郡市髡笞已乃白太守太守大怒收徵付獄主簿請曰此人無禮恃强買賣既侵百姓又污婦女徵上念明政據刑申耻今不使佐郡無復爪牙之吏後督郵當徒跣膝行奉諸貴戚賓客耳太守不得已釋之郡中稱其敢決○宋梁㢮高要人調靖江荔浦尉以獲賊功改官僉書鬱林一日假寐夢西海府君牒請云殿庭如王居講賓主禮請梁撰水城記梁援筆為之記未就而覺

明日錄畢焚之無疾而逝

富川縣在府東北二百八十里

富江源出靈亭鄉南涯神源之水注於賀以入灕此縣命名之始也兩漢蒼梧郡下有富川縣唐天寶初更名富水縣尋復舊宋有馮乘縣入元及我明如之○按漢書有萌渚嶠為五嶺一與湖廣江華縣分界廢馮乘縣基在焉今屬富川賀縣之間晉陶侃之擊杜弘宋潘美之擊劉鋹岳飛之擊曹成皆由於此○漢地里志元鼎四年析臨賀鍾山地置富川縣今鍾山千户所是去縣西南六十

里山上有石扣之如鐘鳴故曰鐘山也其後徙靄
石山靄石者四時常有煙靄冒於峰頂又里許曰
興雲山雲蔚即雨人以為候矣今治乃洪武初征
南將軍韓觀所遷○朝冠山在縣東一里以形似
之或謂朝陽之冠冕也又九里為穿山其上有巖
石皆五色蒼藤數根從下繞之又有石梁可逕而
度故以穿名○石門山在縣東三十里四圍峭壁
僅容一人入其中則平原曠野居民百餘家不減
桃源○秀峰在縣北二十五里平地突起凡數十
仞秀甲雲表唐開元間浙人毛衷為賀州守之任

道經此峰欣然歎曰歸間之日于此卜居焉及卒
于官家因不返其次子曰亨曰貞即富川毛氏祖
也又十里爲桃母嵓谿水漫流傍多桃樹相傳有
老嫗歲㐅種此采其實以充機樹留至今特盛又
十里爲龍山龍谿之水出焉遶郎山下過石巖多
穿内有携刻又二十里爲長標嶺耆老相傳唐李
靖討蕭銑時駐師植標于此○白馬山在縣南二
十里其下有白馬泉又六十里爲碧雲洞洞門石
脉隱起廣陽島三字遠極分明近視如擘絮狀○
歌山在縣東南郡國志云昔有老人自少不婚而

善謳及病將苑隣人送之此山老人歌以爲别餘
音數月不斷○犀泉在縣東北泉藏坎中坎在平
地深約丈許長不下三四丈横可七八尺上覆緑
樹下列蒼崖始至見之坎石甚乾人呼則出不移
時水滿涸亦可待冬夏呼之水至皆然其靈異如
此○神仙傳云漢張陵在富川丹竈山煉丹修道
晋永和九年九月九日登白霞山飛昇丹竈藥臼
猶存按在縣西南一百二十里今白霞口○五代
莫公失其名號奭朗道人家居富川七歲辭母入
石巖中日跏趺靜坐人莫窺其所爲每相率伺於

巖外一夕俄不見以爲飛舉云按在縣東六十里隱山其中有潛德巖鐫林公石牀四字宋元豐二年林通達夫識○秦山在縣北一百八十里荊州記云吳孫權時此山夜雷暴震開爲洞者六有石鼓石壇昔傳仙人所居○志林云楚才有詩名與清湘唐仁杰同時倡和毛奎字子文性寡嗜好力學不倦建書院以授生徒自號澹然居士嘗作大小二洞天記已上俱富川人

恭城縣在府西北一百里

本漢蒼梧郡地唐武德四年析置○燕子巖在縣

南里許外峻頂寬有石巖如燕巢然○金芝巖在縣東三里石室高朗乳垂如芝○穿巖在縣西十五里巖至深邃有谿源從中出舟行如在月中爽氣逼人○銀殿山在縣東北八十里元和志云其下有鍾乳穴十二所是以山際明白如銀或云常有白雲繚繞遠視如宮殿故名○平島山在水西方輿勝覽云唐葉靖祖墓在此靖有道術嘗與明皇乘雲幸陳滿堂家每歲上必來省墓去墓十里有大悲寺元豐初有客葉姓者借宿於寺因口占詩八句僧但記其結句云明朝蓬島去白雲滿頭

飛詰旦啟户人馬遽矢○周渭恭城人南漢時苦
于繁賦因率鄉人踰嶺將避地零陵為賊所得脱
身走建隆初至京師見宋太祖上書時務太祖奇
之擢右賛善大夫歴試郡縣政以簡肅太平興國
二年遷廣南轉運副使初渭入中原妻子皆留恭
城及廣南平渭始還鄉里因奏去劉鋹無藝之征
鄉人徳之為立祠焉○國初蕭嘉祐新會人知
恭城縣推情與民民皆感悦山谷傜獞以片紙招
之依期而至無有後者聽政之暇與諸生講學士
風丕振

脩仁縣在府治西八十五里

本漢茘浦縣地吴孫氏置建陵縣梁武帝立爲郡隋開皇郡廢仍爲縣唐長慶三年桂管觀察使殷侑奏縣名同肅宗陵號以縣有脩仁鄉請改脩仁相沿至今○羅仁山在縣東二里又六里爲太平巖又二十里爲青山○横水山在縣西一里又九里爲越王山又五里爲駱駝山下有駱駝水源出龎山西南流注連水○縣之東陂水出晨口朝陽水出平南皆入于茘以注灕江○縣北十里蘇山宋皇祐間知縣狄道誨討山冦經此夢蘇子卿神

來棲因禱馬師捷請于朝即其處建廟祀之賜額順應因名山曰蘇山廟前有樹一株　國朝弘治知縣葉某將伐之轟然而聲猛虎隨至乃愳而止

昭平縣在府治南一百八十里

本漢蒼梧郡臨賀縣地武帝分臨賀郡於龍平縣置南靜州開皇十一年廢以龍平屬　州貞觀八年於此置富州縣亦屬馬宋開寶五年廢富州以思勤馬江二縣入龍平隸昭州宣和六年改為昭平元復為龍平尋省入平樂　我朝萬曆四年復置仍名昭平○靖尉山在縣南二里舊經云唐開

元中明皇從法師葉靖乘雲幸此山山有御座基又幸前進士陳滿堂家未幾其家生金笋滿堂尋亦不知所往○玉凾泉在縣西北十里龍門峽左宋治平間刻龍門玉凾泉六字○木皮山在縣東二十里又二十里為苳葉山又四十里為北陁山○獨山在縣北一百一十里巍然特立周圍皆峭壁不可躋而一穴深三十步廣二十五步高千尋可通山巔寇起居民緣梯而上下視以石擊之寇不敢犯○五指山在縣東一百八十里其中深廣入僅一線可容一人扼之則萬夫莫過○宋時有

翁宏者字大舉寓昭賀間不仕工詩（送人下峽云）萬木殘秋裏孤舟伴夜猨（南越行云）因尋買珠客誤入射猿家（細雨云）何處殘春夜和花落古宮（途中逢故人云）孤舟半夜雨上國十年心（衡山處士廖融南遊宏贈以詩云）孤吟牛渚月老憶洞庭山皆稱佳句

永安州在府城南一里六十里

本漢荔浦縣地元和志云武德五年置立山縣又於此置南恭州貞觀八年改為蒙州宋會要云熙寧八年廢蒙州以立山縣屬昭州省東區蒙山二

縣入焉　我朝置永安州屬平樂府○方輿勝覽云三石在城南十里僞漢時有兵入靖江過此黎明遇獵者牽黄犬逐一鹿兵以槍刺鹿徐視之石也已而人犬與鹿皆化爲石鼎峙道傍今一石尚有槍痕○蒙山在城東五十里唐蒙州蒙山郡治所其名亦取焉○通天嶺在州北三十里相傳昔立山縣人夜卧山巔至夜半嶺忽高及天其人頗覺以手摩之歸白縣令往驗果然因發民丁周圍鑿窟數十穴實薪燒之如龍吟者數日乃絶遂不復高其穴猶存○銀江在州東源出平峒逕上龍

滙于西江西江源出茶山在州之西故名〇激江
在州南源出古眉東至于籐南入于海〇金麻江
在州北源出榕峒過山灣會古東古奥入于灘

廣西名勝志卷之四

閩中曹學佺能始撰

梧州府在省城東南七百里 領州一縣十

漢地里志蒼梧越地秦始皇取百越以屬桂林郡秦末趙佗自立爲南越王封其同姓趙光爲蒼梧王卽此漢平呂嘉以其地爲蒼梧郡之廣信縣因於郡兼置交州元封五年置十三州刺史於禹貢九州之外交州刺史部七郡蒼梧其一而交州仍治廣信後漢獻帝末孫權以步隲爲交州刺史始遷州於番禺孫皓時分置廣州理番禺而交州乃

徙龍編矣晉宋齊梁陳蒼梧爲郡不改至隋始廢
唐平蕭銑置梧州天寶元年改蒼梧郡乾元元年
復爲梧州宋因之元改梧州路　我明設府○史
記帝舜南巡崩于蒼梧之野山海經曰蒼梧之山
帝舜葬于其陽丹朱葬于其陰文穎注漢書以爲
九疑之山半在零陵半在蒼梧也魏濬引玄中記
云堯時有何侯者隱蒼梧山至夏禹已二百餘歲
五帝賜之藥一器家人三百餘口同昇今爲太極
眞人按此則蒼梧已著名于上古者矣○羅弘荊
州長沙人漢元封五年初置交趾部刺史弘入蒼

梧春行冬息徧歷所部咨詢疾苦太守而下多解綬請罪弘應賞舉發一時貪殘爲之歛迹部內肅然○喻猛和帝時爲蒼梧太守以清白率吏郡人頌曰於維蒼梧交趾之域大漢惟宗建以仁德○賈琮字孟堅東郡聊城人靈帝擢交州刺史時交趾屯兵反執刺史及合浦太守琮到部訊其反狀咸言賦稅過重百姓家殫民不聊生故聚爲盜賊琮即移書告示各使安其資業誅斬渠帥爲大害者簡選良吏試守諸縣蠲傜役百姓底定巷路歌曰賈父來晚使我先反今見清平吏不敢飯○

陳臨字子然南海人漢永建中爲蒼梧太守推誠而理導人以孝悌民有遺腹子爲父報怨殺人被吏所獲臨知其無嗣令其妻侍獄後產一男郡人歌曰蒼梧府君恩廣大能令死囚有後代建安中徵爲廷尉後本郡以五月五日祠臨東城門上令小童絜服以舞之○圖經云朱臨水在郡城南後漢郡守陳稱升郡事暇時釣魚于此○朝臺岡在城北六朝范曄築臺山上遇正朔輒率群僚望朝而拜○梧州有總府其右爲總督制府而總兵府在總府之東北謂之西府故事元戎乃勳侯也嚮

南越記云横州府中有伏波將軍所鑄銅鼓其一尚存形不似今制深三尺許面徑可三尺五寸旁圍漸縮如腰形復微展而稍弇其口似今之竹焙籠體純薄純綠色紋甚精古面環遶作蟲龍十數昂首如欲跳狀中受擊處亦平但畧厚如鏡耳已有斷裂痕擊之聲不甚發聞一完好者近爲稅璫獻之内庭所縣木架尚存堂之左右有銅鑄狼機數柄倒植地製亦精必非近時物也又聞蒼梧郡有銅船沉于水至今天霽水澄隱隱可見謂是伏波所鑄按後漢書永和間周敞爲交州刺史採龍山

之未爲州門鼓仍分一鼓給桂林郡一鼓給交趾郡擊一鼓則二鼓皆鳴所謂叩宮而商應者也其形亦做銅鼓之制大抵粤人重約誓信鬼神故多作此類以鎮服之耳○儒林傳後漢劉熙字成國北海人博覽多識名重州黨建安中薦辟不就避地交州往來蒼梧容授生徒數百人乃仰物名以釋義惟揆事源致意精微作釋名二十七篇熙有爲序其時有程秉字德樞南頓人少明周易詩書逮事鄭玄得其奧秘後避亂交州與熙考論大義遂博通五經士燮命爲長史孫權聞之以禮徵辟

拜太子太傅後卒于官所著周易論尚書駁論語解凡三萬餘言又有薛綜字敬文沛郡竹邑人世典州郡爲著姓綜少明經善屬文舉秀才漢末大亂乃依故人避地交州從劉熙學士燮既附孫權召綜爲五官中郎除合浦太守治郡威惠並行民獠愛之轉守交趾時交土始開刺史呂岱率師討伐綜與俱行事畢還都守謁者僕射赤烏三年徙左部督尋爲選曹尚書太子太傅六年春卒所著詩文名曰私載○西事珥云後漢永平間陳元長孫以布衣伏闕疏稱范升等所駁左氏義皆斷截

小文媟黷微辭抉瑕摘釁掩其弘美請復立左氏學上從之元厭難將軍欽之子欽治左氏與劉歆同時而各自爲家三輔决録謂左氏春秋遠在蒼梧蓋指欽也元子堅卿亦以左氏顯若此則遐陬素士能用經術崛起固不必借光于寓賢矣○牟子者蒼梧人其自叙曰靈帝崩天下擾亂獨交州差安北方異人咸來兹土多爲神仙辟穀長生之術時人多有學者牟子常以五經難之道家術士莫敢對是時牟子將母避世交趾年二十六歸蒼梧娶妻太守聞其守學謁請署吏牟子見世亂無

仕宦意竟不就州牧辟之復稱疾不起牧弟豫章太守爲中郎將笮融所殺牧乃請牟子曰弟爲逆賊所害骨肉之痛憤發肝心當遣劉都尉行恐外界疑難行人不通君文武兼備有專對才今欲相屈之零陵桂陽假塗于通路何如牟子曰被秣服櫪見遇日久烈士忘身期必騁效遂嚴當發會其母卒亡不果行久之歎曰老子絕聖棄智脩身保真萬物不干其志天下不易其樂故可貴也于是銳志于佛道兼研老子五千文含玄妙爲酒漿翫五經爲琴簧遂秉筆墨餘閒畧引聖賢雅言證解

之名曰牟子理惑云

蒼梧縣附郭

漢蒼梧郡之廣信縣亦郡所理也隋始設蒼梧縣縣南十五里與封川界屬廣東有兩廣樹在封梧之間南北兩柯驗其榮瘁以卜兩省之豐凶（）唐盧綸寄嶺外故人見說南來處蒼梧接桂林過秋天更煖邊海日長陰巴路緣雲出蠻鄉入洞深信迴人自說夢到月應沈碧水通春色青山寄遠心炎方難久客為爾一霑襟○明解縉詩蒼梧城北繫龍洲水接南天日夜流水井鰐池春草合火山鮫

室夜光浮千家竹屋臨沙觜萬斛江船下石頭欸枕夢回霄漢近珮聲猶在鳳凰樓（）按志繫龍洲在城東七里大江中亦名七里洲江水巨漲洲獨不浸故謂之繫龍洲〔〕冰井在城東冰井寺内其水澄湛不涸味甘且冷唐經畧使元結月之爲冰井又爲銘刻石上其前有涼清堂今廢〔〕鱷池一名思良江在城北二十里亦名多賢水其中鱷魚有四足長者二丈恒在山間伺麋鹿亦能啖人故擾神記稱扶南王范尋養數虎於大雲山以罪人投之無罪者虎不食乃赦之又於池養鱷魚十數頭

授之如大雲法學士解公似用此事[一]大雲山在城東北隅有伏虎巖蟠結危聳郎范養虎處令授虎之事寂然乃有三界廟者廟中小蛇十數皆青腹赤目有火光常緣神身及蟠繞藤香上人以手接而玩之甚馴習往來莫知其嚮有祈願越期未賽者蛇輒至其家人驚曰神索願也友人鄭紱偕予至梧渡江祀之果然廟在火山之麓〔一〕寰宇記云火山府城南隔江山下水深無極山上有火每三五夜一見如野燒或言其下水中有寶珠光燭於上或言南越王尉陀藏神劍於此故騰焰如火

山有荔枝四月先熟吾閩稱火山荔枝本此又產獸名靈麖生三足郡中有災福及使車將至則先鳴唐沈佺期詩身經火山熱顏入瘴江銷虞衡志云嘉魚在火山下丙穴中狀如小鮮魚味極美春末左桂○三江以左右二江合府江滙于城南故名府江一名桂江即灕水也水經注曰鬱水又逕蒼梧廣信縣灕水注之又東逕番禺入海是矣漢武帝使馳義侯發夜郎兵下牂牁江會番禺即此也水傍有石英山宋產石英充貢英山之左有鶴飛岡相傳南漢太守劉曜嘗鑿斷之俄有雙鶴飛

逝于上又城北六十里有通星山亦傳羅所鑿以觀星象者○金石山在城東二里圖經云昔有道士牽牛渡江語舟人曰船内牛糞聊以相酬舟人視之牛糞皆金須臾道士與牛並隱石下○石鼓洞在城西北五里山巔有洞洞下爲慶林寺其左臨江爲高明亭故址○蘸山在城東南八里大江之滸相傳宋蘸軾被謫南行泊舟於此山下故名○立山在城西十五里東臨大江山坂平衍西極險隘一徑通藤○印山在城西北三十里其形正方如印特立水塘中塘曰大印塘○城冢記云

農城縣在治西南晉置劉宋時廢郡國志云縣有銅山銅湖銅丘○戎城縣亦晉置宋咸平省入以地置戎墟鎮○歌羅城在治西南六十里隋開皇李賢築以屯兵者○漢孝子丁密墓在縣內密遭父喪廬于墓側有雙鳧游密舍傍小池見人馴伏後遭母喪復廬墓三年雙鳧游戲池中亦如之全時有頻琦者母喪獨身造墳歷年乃成手種松樹成行感飛鳧白鳩之瑞南史范雲爲刺史遣使祭密及琦墓是也○唐吳武陵墓在城內桂芳橋石刻唐咸通二年立○朗吟亭在城東跨濠通放生

池舊名飛仙以昔有神仙朗吟其上八○武靈渡在
遞運所前桂江之側○戎墟渡在城南二十里大
江上通長洲卽宋戎墟鎮○五兩渡在縣東二十
里本唐詩惡說南風五兩輕之句

藤縣在府西六十里

本漢蒼梧郡之猛陵縣地晉置永平郡於此隋廢
郡置藤州唐天寶初改感義郡乾元初復爲藤州
治寧風縣宋徙治鐔津縣元因之我　洪武十一
年改州爲縣省鐔津入焉○唐宋之問發藤州詩
朝夕苦遄征孤魂常自驚泛舟依雋泊枝舶聽猿

鳴石髮緣溪長林衣拂地輕雲峰刻不似苔壁畫難成露浥千花氣泉和萬籟聲攀幽紅處歇躋險綠中行戀結芝蘭砌悲纏松栢瑩冊心江北宛白髮嶺南生魑魅天邊國窮愁海外情勞歌意無限吟月為誰明○東山在縣東一里上有李衛公祠以公南征嘗駐師於此○南山在縣南二里頂平如砥上有杏壇松崖竹巷芹澗皆清絶勝地附近為石壁山巖巒相倚松檜倒生其下即大江也又有石人山危石臨潭遠望如人○龍驤山在縣南七里數峯聳列下俯清流晋龍驤將軍陳隱鎮此

嘗駐兵山下故名○登嶼山在縣西十五里二山南北對峙江中蒼翠相望溢於眉睫○六爻山在縣西九十里山形交加縱列成卦○赤水峽在縣東六十里峽南有巖深濶丈餘頂竅通日光相傳李白嘗過此因名李白巖峽與巖相對壁立而一水中流舊有廣惠寺今置巡司其上○白藤嶺在縣西南一百里路通容縣多産白藤今昔州縣俱以此名○藤江在縣北源出交趾至邕州左右江至此與繡江合又東流至番禺入海蘓子瞻詩繫舟藤城下弄月鐔江濱江月夜夜好雲山朝朝新

按宋紹聖間黄門蘓轍責授化州別駕其兄軾亦
徙儋州相遇於藤作詩倡和即此處也○鐔江在
縣東南自高州北流徑容縣至縣城東入於黔鬱
唐武德初有宣撫使者至此艤舟遊慈聖寺以金
杯抛井水杯墜井中汲水至乾不見杯只得一龜
長一尺二寸宣撫解紅勒帛繫其腰放之井祝曰
爾若有靈當漲杯出水及歸至寺門塘見龜踴躍
塘內坎日遊乾亨寺道忽見前杯自淵流出又見
前龜紅帛仍繫於腰又拾龜而放之曰爾若有靈
同歸供養是夜風浪忽起宣撫舟中有一寶劍浮

水而去明日集網窮摟不見但得古藤一根而埋
之乃至西岸又見龜跡環繞及奏改移藤州於此
仍依龜跡築城名其地曰鐔津且於寶劍躍水處
名劍江○汪玉泉在縣西南宋秦觀詩中有酒雲
汪玉之句故名〔元余觀詩〕雲蒸崑山液月淩藍田
英臨風燕流瀲滟腹珠璣鳴○桂山泉在縣東二
里色白味甘〔余觀詩〕寒蟾窺玉甃老忠遺香酥化
爲銀河水一沃炎海枯○鴨兒灘在縣南三里〔富
禮詩云〕秋高霜降餘灘淺石齒齒漁郎吹笛來野
鴨斜飛起山頭兩石人並坐如笑揖○金環灘在

瞭知唐武德初有於藤州得鸜鵒者能言語歌舞獻之內庭歲餘不語↑問之答曰身居南土生長籠中思毋異方故不敢言上憐之賜以金環而遣之歸因以是名○榭州托州俱在縣東繡江上居民鱗錯○秦觀題藤州光善亭詩〈霞通海天曙月來東山白共是凭欄人誰足當秋色相傳觀在藤嘗夢中作辭云山露添花花動一山春色行到小溪深處有黃鸝千百飛雲當面化龍蛇夭矯轉晴空醉臥古藤陰下杳不知南北時觀已病是日偶爲客述之因索水水至不能飲笑視之而卒

容縣在府西二百四十里

本漢合浦縣地晉分立巖昌縣梁改曰陰石縣因立陰石郡隋廢郡改縣曰奉化又改曰普寧屬藤州唐武德四年平蕭銑置銅州貞觀八年改容州以容江爲名宋元如之我　朝改縣○唐曹唐送嚴大夫再領容州曰照雙旌射火山笑迎賓從却南還風雲暗發鐃歌外號令潛生氣槩間簞竹水翻臺榭濕刺桐花落管絃閒無因得獻真珠履親從新侯定八蠻○大歷間元結爲容管經略使植蓮于廨後池構亭曰菡萏以其四周爽豁可矚蓮

花而名□相傳蓮塘內有銅鐘一日每風雨夜與譙樓禁鐘相搏鐘盖唐貞元間物也嘗尋者每欲徙之他處皆不克遂若遷之極川其力之半○濯纓亭在城西三里繡江上有石橫江桃流上平如砥可坐數人石罅如紫玉尊受水數斗坎山亦名之爲靈尊其水色似滄浪故以濯纓名○城南江即容江也一名繡江有駱駝橋跨之唐貞觀二年建學于此至元始遷江源出北流藍山經縣城南東流入藤梧○距城十里有讀書臺巨石蟠江上如砥昔漁人繫舟夜徧其滸聞石上朗誦書聲故

名○北鹽山在縣北二里其狀似龜亦名真武嶺
又八里爲陵雲山勢高入雲上產斑竹○西山嶺
在縣西二十里嶺斜而長聯絡不斷迤北即大容
山○大容山在縣西北二十五里高五百丈周圍
一千餘里鬱林高潯諸州分據其麓○都嶠山在
縣南二十里山有八峰曰兆子馬鞍八疊雲蓋香
爐仙人中峰丹竈而八疊最奇秀有南北兩洞道
書第二十洞天南洞寬廣平坦中有浮屠大像北
洞差狹爲星壇者八中峰絶頂有室曰中宫院宋
隆興中有梁賢者與友人遊此見有閣宇三間傍

多梅林耶一顆啗之自是遂不粒食蘓東坡贈郡道士詩乞得紛紛擾擾身結茅都嶠與仙鄰卽此

○楊山在縣西雲凌里唐楊貴妃産於此有井尚存曰楊妃井妃小名玉環父亡母葉氏懷孕十三月而生妃後軍都督部署楊康以財帛求之爲女三歲聽康親女讀書卽能成誦時有長史楊玄琰攝行帥聞之遂倍金帛與康得之選入壽王宮明皇召入内爲貴妃號曰太眞○龍母墳在縣南二百里白花村沿澗而入會崖溅瀑飛下數十丈瀑之左群峰盤竦稍夷處儼成一月堂龍母墳在焉

東偏有小石池容水數斗石壁如削下臨急湍不能容荻衆流奔瀉百數十尺乃滙為深潭滂泓莫測龍蓋蟄伏于此初猺人婦入山中久不返衆往覓之則為龍所攄陰雲阜幕既歸所居常有寒氣人莫敢近婦不自覺也娠歲餘產一龍胞中無血止下水數升頃之雲霧交集騰舉而去婦亦無恙後數歲婦以病死方殯忽有龍自空中下盤旋蜿蜒數四遂擁其骸以去衆隨之至其地石忽自裂龍負骸陷而入焉石復合後龍常至其冢飛繞屋前久之乃去○唐王翃字宏肱大曆中為容管經

畧使初夷獠梁崇牽等煽亂據其城前後經畧使皆僑治梧州日我容州刺史安可容他所必得容乃止出私財募士有功者許署吏于是人人自奮不數月斬賊帥歐陽珪悉復容州故地詔徙治順州○戴叔倫貞元初爲容管經畧使綏徠夷落威名播聞德宗嘗賦中和節詩遣使者寵賜之其蒔有常州爲容州刺史教民耕織禁止惰遊始城州十三里開置屯田二十四所○宋王次翁知容州賊不犯境嘗慕元結之爲人耽結在道州時乞免科率二奏刻之石并其遺像以自觀省日庶不墜

元子之政也◎元封履孫字道坦至順間進士嘗任清水司巡簡致仕日寄情詩酒淹貫百家所著有容州人物記◎國朝彭清錢塘人永樂進士知容縣事撰次邑志三閲月而成在公之暇發爲詩歌綽有風致

岑溪縣在府西南一百九十里

本漢蒼梧郡猛陵縣地陳置永業郡於此隋罷郡置永業縣唐武德五年分置龍城縣仍置南義州貞觀五年徙治岑溪宋太宗時避御名改南儀州熙寧五年州廢以縣屬藤州　國朝改今屬◎高

城山蟠結縣南勢競高遠土人以爲石人嶺有巨
石如人立狀○烏峽山在縣北十里壁峻千仞縣
治是憑舊有烏峽巡司今改上里河村去縣四十
里○丁蘭山在縣東十里有丁蘭村爲漢孝子丁
蘭故居或云孝子丁密非蘭也一名丁郎山其下
有泉名孝感泉密字靖公詳蒼梧下○都盤山在
縣南二十里一名羅山○冷水山佛子山並在縣
西南三十里兩山相接如翼之張縣以爲輔○要
峩山在城東一百里崢嶸秀特又名秀峰郎繡江
之源也縣南有皇華江縣西有潘洞江俱出連城

鄉經縣前西流入于繡江下藤峽入梧○孫吳虞翻字仲翔會稽餘姚人爲騎都尉數直諫吳王權不悅權與張昭論及神仙翻指昭曰彼皆死人而語神仙世豈有仙人也權積怒非一徙翻交州後徙蒼梧猛陵嘗云自恨疏節骨體不媚犯上獲罪當長沒海隅生無可與語死以青蠅爲弔客使天下一人知己者足以不恨雖處罪放而講學不倦門徒常數百人在南十餘年卒○晉勾漏令葛洪在縣東六里山脩煉有棋盤石澗流涓涓入石竅中因名葛仙巖相去里許有石穴出泉其冽名葛

井昔題巖壁上詩云古洞門深百尺寬石巖題詠
暗苔斑細尋仙令燒丹去灘地流泉浸月寒

懷集縣在府東北一百五十里

漢四會縣地晉懷化縣隋改懷集西南有懷溪合
馬寧花兜諸水經廣州入海其南峰有釣臺石臨
溪水色澄泓時出白魚游泳可見按懷谿發源齊
嶽山在縣西北一百里峭拔出於衆山之上望如
嶽齊故名○天馬山在縣南五里唐地理志驃山
疑即此○四門巖在縣西五十里突起平地中有
石室外有四門巖中石乳凝結爲柱者八爲蓮花

者一此巖之東北又有遊仙巖巖中化龍石一石人一西南有三潮巖巖中有泉應潮輙湧○朝巖在縣西八十里徑窄而暗其中明徹滴乳凝結為珠玉纓絡鳥獸龍蛇之類甚多此巖西南又有燕巖石峰峭拔入洞深邃中有石倍芝菌恭局以多燕蟄于此故名○梅子山在縣東一百里中多梅樹掩映成林○白崖山在縣西南石五十里山嶺險峻白石楚楚望之如雪故名○廢懷遠縣晉置在城東十里今立古縣營是也○廢威州唐置領懷集永固存水三縣尋廢今縣西南猶遺星大路

傍有龍岡驛是其遺址◎廢永固縣舊志云在城
北不詳其處今縣東南務本里有永固廢城舊基
址猶存疑或近之◎廢洊水縣在縣西四水里序
水渡頭上里許盖永固在唐開元時省入懷集而
洊水以宋平南漢時省也◎右龍潭在黨山大凹
潭深不可測相傳有龍潛其中每風雨時作潭自
有聲歲旱祈禱輒應◎上愛嶺與新州四會縣接
壤唐神龍間五祖傳衣鉢與惠能密囑能速去恐
人害之嘗潛至上愛嶺最高峯頭石室棲遲至今
猶傳曰六祖巖長慶年間洊水縣建寺以尊崇之

後寺廢乃于道士巖前重建○道士巖即花石洞也晉葛洪字稚川號抱朴子嘗遍遊名山過溶水縣覽花石洞遂居之采覔丹砂及金鵝藍諸藥丹竈中鐫抱朴二字水漬墨蹟隱隱尚存後人遂以道士名巖○明廣文黄宫遊花石巖賦辭采騈麗余采之云旋爍懷陽秀石峙嶸盤錯蒼梧桄榦交專挺玄黄之麗冢跨嶺海而横越乗㟽引峯連緜嵑嵑體爽磴以屹嵲紛郁郁以纚列或嶊嵬兮而崔嵳或嵣峷兮而嶄㟯或𡽱岑兮峩剌以參差或嶙峋兮嶁嵂而斷絶或下平衍而瞻蕩或上嵢岈

雁巖薛于東則青江滓滈蕩其胸于南則赤水游泱涌其穴其巖則有四門洞矚從橫崎嶇嵬崛怪崒儼若天闕芝房無以參閬風不能劣于前則有中天石竇上泊玄幽炫燿虹蜺下斗射牛雲烏穿飛鼯莫知其攀遊於旁則有坂坻巑岏而成巇狀若蘂蓮猗彼太華競秀爭妍游女弄奇于若耶之曲耕父揚光于清泠之淵於右則有北面齊嶽雙峰峻嵂隆崇歸嶢豐冠山之朱堂盤紆玲瓏儼具嶠之墉室爾乃開白雲之庄披素書之帙藤蕪雲幌霏霏映日圓地生明曲若新月窺乎哉洞宜望

之無際恬矣哉盖流眄而靡一至若青冥廻薄巍
巍銀表道人兮羽化雲女兮嫽娟金鵝石魚兮時
不敷龍鼎玄珠兮洸不曉凄乎雲淹兮神何奇溢
乎水濤兮澤奚小爾乃登嶕嶢覽遐迩披巉巖眺
譎石則有央若奔騾類天馬之騰空蜿若游龍儼
巨鼇之立極或前橫若削而筆聳或後赴若敵而
劍擲或蓊若雲門而雙髻或覆若洪鐘而仆仄或
連若累空而輻輳或散若蹲踞而遠迤美哉茂麗
臨望廣矣奇矣衆備難覩記矣于是乃列寺營址
棲樓于後東西膠葛南北騈複雕欒鏤采異出奇

搆於是乃崇基表刹金彩玉璞施不悋之壇結無
緣之閣掩室摩竭演勿照之真明杜口毗邪通息
言之玅覺夫然後九衢之草千芳四照之花萬艷
崖谷共清地景交逴于是同壓弁井都人女士袪
服靚糚雜沓雲䌫躡阜巒以馳騖蕩神情之曠美
恨百年之迅度日豐容之難似追孚輿之無盡識
蜉蝤之幾過于是有朱輪鼎貴徵從奕奕陳詩采
風飛觴舉白澹怠懷乎紛務暢游倪于瞬息於是
有玄真之子輕玅之容攀雲巍之石室尋霞擧之
仙舄仰葱翠以延眡恣遨遊以高適此則花石洞

廣西名勝志　卷之四　十七

之梗槩世得爲雄羡者也若夫悟暉韶而萋綺感
豔節而花燃雜好鳥之流聲釋機情于魚筌翫盈
虚於物化揆輿義於璣篇綠草萋而送春朱櫻荐
而迎夏愛晨風之弄旭厭夜蟲之噪夜閑踟躕于
月觀遠澹蕩于風榭棲泬寥以魂搖托沈驂而賦
鴈人安得而不懷余安能以自默乎客曰若吾子
之言大都能道其要妙所謂殫究于前聞發蒙于
未覺矣盍爲竟其說焉遂辭曰巡廓落有天地宅
兮崩劣兹石俠奇怪兮潙荒無傳誰斧鑿兮巖巖
且聽洞俯仰兮苞光靈曜奄莫庇兮必有備人代

相符兮斐詞知謬美贊侑兮○又有李翰者亦賡之其詠南谿古渡詩云兩堤楊柳酒帘風去去來來信莫窮記得南河歸路晚水邊停騎落霞紅又佛燈晚照詩依約禪關入定鐘佛前燈火隔疎松山僧深夜渾無寐更借寒光照鉢龍

鬱林州 在府西北一百三十里 領縣四

本秦桂林郡地漢元鼎六年更桂林爲鬱林後漢光武二年世祖鬱林太守外郎此魏晉因之梁改爲南定州隋大業初改尹州煬帝改鬱州尋改爲鬱林郡自唐已來州郡率無定稱而鬱之名不改

州故治南流縣　國朝以南流省入○谷永漢建
寧中太守廣鬱古西甌駱所居永以恩信招降烏
滸人十餘萬開立七縣○吳陸績爲鬱林守歸舟
輕於岸上取巨石壓之人稱曰陸公鬱林石在今
吳郡之婁門陸龜蒙居臨頓里其門有巨石即此
○毛靈晉泰始七年守鬱林壯勇慨慷爲吳將陶
璜所執不屈而死後人立祠祀之○劉宋太守劉
勔至郡珊瑚連理生勔獻于朝爲大明七年正月
○王安中字履道中山人宋靖康初以尚書左丞
論時政謫鬱林子孫因家焉○元文升宋末丞相

天祥弟璧之子也信國死難以升為嗣後仕元海北廉訪使卒葬于此州之八疊岡子孫遂家於鬱今有文丞相祠其裔諸生文運熙者尚藏　國初解學士縉書公上巳詩以貽廉訪子良錫云○圖經信石山在州東南二里一名牢石坡坡上夾石側豎如鐘唐置牢州以此每歲秋期鄉人共候此石若有雲氣覆之歲必大稔○石柱坡在州南三里柱高三尺相傳馬伏波立又七里為兩道筍峰角稱疊博陸二縣經由此分○寒山在州北二十里九域志云越王陀遣人入山採橘十日方回問

其故云山中大寒不得歸故名○荔枝山在州東南二十里山出荔枝夏月熟時如錦屏障○隱仙巖在州西二十里石室幽邃壁上題元和十四年來遊七字附近爲黄都山九域志云昔有樵夫入山迷路見黄衣冠者五人語之曰吾都此山者也故名○水月巖在州東南二十里洞中虛明石乳凝結如琅玕倒垂澗水從巖中流蕩漾激石遵澗行爲陰洞遊必列炬跨木渡澗數十步水石益奇削爲芙蓉仰爲仙掌渦盤柱立翔飛疾馳無所不有又出洞西南行扳緣而上有一峯拔起草木森

蔚洞在其腹是日天馬洞洞中有馬蹄跡莫紀其數直入石二三寸許又有鈞天洞分上下二界郎天馬西峯也下洞涉潭水始至臨潭有二石扣之作金玉聲上界軒豁可布十筵坐聽考鐘擊石琅琅如鈞天之奏巳拂日光矣遡其初入洞兩山欲合未合之間上露一道天光晻晻如昧爽初曙澗流紆折與之相應又別自一世界也○南流江在州之左南流縣以此名源出大容山會綠鴉水西南流十餘里入疊縈廻過羅望江至廉入海江濱有巨石如伏犀石間二竇水各湧出合爲一派廻

數十步入江宋嘉定十六年忽湧紫水因名紫泉

○五龍潭在州南三里其水甚深色如靛旁有石

壁狀如雕鏤○司命井在鬱平廢縣縣即唐麟德

初所析置也南越記云縣有石井其淡半之可給

閭境不竭又其南有石室皎潔明朗中有石人像

中一石床可坐百餘人○郡國志云馬援造銅船

一既歸付程安令洗於渚天晴水澄往往望見船

樓上相似有四寸水不知幾十丈許○顧微廣州

記云鬱林郡東南山上有池池有石牛百姓祈雨

殺生牛以牛血和泥泥石牛背祭畢即大雨洗石

牛背泥盡乃晴又有西甌池在郡西越王遣甌駱淬劍于此晨夕常有煙氣今西甌驛沿其名○南史齊武帝乘龍舟遊江中紲越布爲帆結絲絲爲桃縴以鍮石爲足榜人皆着鬱林布作淡黄袴舞佑客樂按今鬱林葛南方稱爲佳物機誕而縱長五六丈然質頗重厚似不甚宜暑原貢額不載萬曆十五年始令貢千疋已又令貢二千疋工部覆奏定每歲百疋項內監教之織爲龍鳳紋以獻今上登極勅止之○金石畧云後漢鬱林養奮碑字叔高和帝時舉方正碑以初平四年八月立○

唐鬱林觀東巖壁上崔逸八分書併撰文開元七年正月立

博白縣在州西南七十里

本漢合浦縣地唐武德四年析置南州并置博白縣六年改南州曰白州仍以縣隷焉宋開寶五年廢白州以博昌縣隷廉州七年復置白州紹興六年廢州爲博白縣隷鬱林至今因之○衛公山在縣東十里有靈應侯壇相傳即李藥師也其側爲洞房山高廣玲瓏綴乳丹碧麗若雕房宋劉子羽謫居時置有寺山堂今廢○雙角山在縣西十五

里傍數峯角立綠珠江發源于此又十五里爲綠羅山其下有綠珠村○將軍洞在縣南三十里洞凡三重石室虛明中有石田石龍石廩有温凉泉分爲二派而流石壁上刻南州太守領將軍龐孝泰十字○伏割山在縣西四十里鸜鵒孔雀諸禽多出其中下爲伏割村○金魚山在縣西南五十里舊傳曾產一角羊于此山下有石井深十餘丈多金魚○又十里爲宴石山北岸臨江中有二石流泉濆激崖宇虛曠峙于其巔寰宇記以爲南越王宴坐處○飲馬江在縣南一里漢馬伏波南征飲

馬于此○綠珠江在縣南七里嶺表錄異云白州界有一泒水出自雙角山合容州江是謂綠珠江昔梁氏之女有容貌石季倫爲交趾採訪使以真珠三斛買之梁氏之居舊井存焉飲者必誕美女宋徐璽綠珠渡詩早出綠羅村晚過綠珠渡日落白州城草芳梁女墓江水流古今滔滔不相顧今人不見古時人依舊青山路如故○南漢時博白有遠村號綠含者皆高山大樹人跡少至斗米僅值一二錢以深邃險峻不得出也村民嘗自謂其山多鳳大如鵝五色有冠而尾甚長率居大樹之

最時則雙飛而出所過諸鳥斂翼俛首伏不敢
鳴者久之又宋景德間白州有三鳳自南來飛入
城中群鳥隨之至萬壽寺前棲於百尺木龍樹上
身長九尺高五尺備五彩冠似金杯此二則見石
事耳○唐龐孝泰少以忠義自許龍朔中由武功
歷左驍衛將軍遼東道行軍總管戰歿于陣○李
時亮字端夫宋嘉祐中進士累官散騎常侍兼御
史大夫亮善屬文尤長于詩與同官陶弼相賡和
有詩曰李陶集已上俱博白人○蔡條叢記云博
州城西有新村吾曳杖其間至一舍旁見兩老人

坐飲適兄弟也大者年九十四顧謂曰此吾幼弟年七十八矣從旁環拱而立者皆老人之曾孫殆可入畫圖也

北流縣在州東四十五里

本漢合浦縣地晉析置合浦縣唐武德初改置北流屬合浦郡舊唐志云州所治也隋大業初以陸川縣地入焉唐武德四年析置豪石宕昌南流陵城新安五縣貞觀十一年省新安後又併豪石宕昌俱省元和郡縣志云北流縣在州郭開元中移於今理○縣學唐貞觀三年建在登龍橋西元大

德二年遷于寳圭驛至正間始遷今所〇金龜山在縣東二里口吻尻足皆具遠近視之無不駭爲眞者與會靈臺隔江相對亦高山也上有瀑布巖洞〇梧臺山在縣南天門山在縣西與穿鎭分界諸巖爲縣西南之鎭〇勾漏山在縣東北十五里平川中石峰千百矗立特起其巖穴多勾曲穿漏故名山有靈寳觀觀東有龍灈洞玲瓏毛骨觀後二小洞南向者曰太陽北向者曰太陰由觀後西北行即勾漏洞洞前俯瞰有横塘石室室東爲寳圭洞秉燭而入丹竈龜床几盤甕碓臼皆石乳自然

凝結而成約半里許水涯循梯直下挐竹筏而行歴甕門三四重間闗委曲窮水際益廣益竒矯首見一點煙如長虹出天表葢石罅之容光也捨筏躡梯板躍而上其中一室曰蟠桃深三四百歩仰視高處杳不見頂其西小室明朗連楊周遍可踞可卧是爲道書第二十二洞天棲北流志云晉葛洪爲勾漏令嘗於寳圭洞脩煉成仙雒州志云洪句容人聞交趾出丹砂遂遊雒訪羅山寺脩煉丹成復遊勾漏歴羅浮以去廣州志云洪將之勾漏至廣州刺史鄧嶽留之不聽去止於羅浮煉丹忽

與嶽疏云當遠行尋師嶽急往别及至洪已兀然
而逝嵇子瞻與王定國書云葛稚川求爲勾漏令
而竟化於廉州其説不一如此晉中興書云洪亡
時舉屍入棺輕如空衣豈其屍解於羅浮而復遊
於勾漏耶□　酉事班云勾漏洞天四面石山圍繞
其中忽開平野數里洞在地上不煩登陟外微敞
豁中有暗溪穿貫而入與北流水合結小桴坐其
上命篙師撑之詰曲而行水無底兩岸石如虎豹
猱玃森然欲搏行約里許仰見一大星炯然細視
乃石孔透天光也洞對高崖上夏時望見荷葉田

因然峻絶不可到土人云或見荷花則歲大稔
寶圭洞即勾漏正洞石室中有玉宸道君及葛真
人石像五季時迎自南海者遊人躡梯攀蘿曲磴
飛棧如瑶階玉埒小石細碎羅列如林如筍又如
楊梅荔枝充滿架疊莫可名狀轉入僅容趾步直
穿太陰洞後出山腹乃寶圭之東洞中室曰蟠桃
廣三四百步仰視高處不見其頂西小室洞朗外
矚石然石榻平鋪疊架可眠可踞與東洞對正如
兩掖、白砂洞縱廣一頃高數十仞石骨玉英散
彩流光下有滙井數處舊時採砂之坎凡砂生

於此其色獨白故名瀜西有翰真觀石碣記云南漢時中官東君所經帶左右二石室深四五尋石床相對隆冬亦温其上重疊如層樓複閣與溪瀰映帶有石竈高深皆丈餘翰真觀傍有玉虛洞洞中物象瑩潔如玉雲從洞出則雨風從洞出則霽玉虛洞之下有巫山寨視圍二頃絕壁千仞十有二峯四顧一圍間以尖峯懸崖峭岏翰真觀之西巫山寨之北有玉田洞洞闊三門其盤石皆翠碧色平夷通明可以偃仰其傍乳悉具物象緣石棧行百步傾身而入乃至石田數丘石花如玉田中

積水無間冬夏不溢不涸出洞而南半里至玉田寨高十餘仞其深莫測北流爲二池中有小島水潛通江時有大魚逆流而入去韶頂巖五里有普照巖山如覆釜洞穴當其胸入洞仰視不可階升而其中仙壇寶塔低昂交錯幢幡羽衣獵獵飛動巖西有獨秀巖孤峙平對之中石室廣六丈高倍之虛曠平夷可容數千人石乳掛壁上儼如西方佛像○綠藍水出綠藍山其流有二一經廉州入海一經容縣至番禺入海有橋曰落桑跨綠藍江去縣東二十里○銅鼓潭在縣北二十里昔有銅

鼓淪水流出擊之聲駭村落至暮復沈水中　本朝景泰三年其鼓復出舟人獲送本縣譙樓至今存○馬門灘在縣西南四十里漢馬援南征以江流迅急鑿去其石餘二巨石雙立爲門其中流水如奔馬故名○北戍灘在馬門灘下唐高駢爲安南都護平蠻北歸患其湍險屬防遏使楊陵疏濬之○鬼門關在縣西十里兩山相對間闊三十步馬援討林邑蠻路由於此立碑石龜尚存往來交趾皆由此關其南尤多瘴癘去者少得生還諺曰鬼門關十人去九不還我　洪武初敕改爲桂門

關宣德中改天關唐沈佺期詩昔傳瘴江路今到鬼門關土地無人老流離幾客還○明解縉上北流二絶句○貧家寨前朝雨晴思羅巷内水初生楊梅菓熟春欲暮豆蔻花開鳩亂鳴又金雞驛前津吏迎金雞巖下江水聲金雞飛上九天去惟有空巖餘舊名

陸川縣在州西南七十里

本漢合浦郡地隋置陸川縣大業初廢入北流縣唐武德四年復置宋會要云開寶七年廢順州省龍豪温水龍化南河四縣入焉九年移治公平淳

化五年復徙治溫水元屬容州　國初洪武四年改今屬○後陽山爲縣所据群峰疊嶂起伏不齊○東山去縣八里高三十丈中有泉水南入妙洞其下爲金砂溪○文龍山在縣東北十五里山下有水流遶縣前○雙龍山在縣西南二十里山高百仞雙瀑流注即古龍豪縣治也○鳴石山寰宇記云董奉既死人見於鳴石山山海經云長石之山洪水出焉山多鳴石即此○石袍山方輿記云山多竹木葱翠如袍山有肉翅虎下山食人食訖即飛還絕巖○白羊山山色紫白四面懸絕上有

飛泉下有勾芒木可爲布○文黎山在縣南產黃
白藤及多鸚鵡蚺蛇有水縈迴凡九十九渡○六
穿石在縣北壁立如碑高丈餘上穿六孔○簫韶
山九域志云嘗聞音樂於此○崑崙水在縣東水
中有石似崑崙下流經廉州入海○平南水在縣
南二十五里合龍化江流入伏波灘

興業縣在州北六十里

舊唐志云石南縣州所治也梁置定州陳天嘉中
置石南郡於此隋開皇十年改郡爲石南縣唐麟
德二年析石南置興業其後因之○萬石山在縣

西四里峯巒錯落如累石然其下有石井流潤詰曲土人修禊於此〇東斗北斗二山俱在城外十里東斗之外又有東山山上有泉從石飛下百餘仞望之如翔鸞舞鶴舊建有飛泉亭今廢〇綠陰山在縣南十里有木如榕大蔽數十畝一名饒山鳴水江遶其下〇翻車嶺在縣北二十里龍毋江之源道險峻難行車轍易倒故名〇鐵城山在縣南十五里周圍巖𡿺皆鐵色其中平衍容數百家外繚石壁險固如城上多石竇泉流不竭山有四門惟東首可通人行南門有土基相傳爲古敵樓

西北二門多石艱阻圖經云石南郡縣舊設於此
宋至道二年移治南流山北一里有古州巖廣數
丈巖中有潭四時不涸又東入一竇有石懸下如
鐘扣之鏗然石壁間有元和十四年來遊等字○
白馬巖在縣西十餘里遠望如馬其中深廣可容
數千人又有三四小洞幽深莫測上透天光○牛
龍巖在縣南二十里中可容千牛每冬寒則居民
驅牛入巖以避又有龍蟄於此○元至正間與業
大李村有姓李者素好脩煉一日與妻自外家酬
飲回至途中忽謂妻曰我體癢甚須過前溪一浴

汝姑待之少頃風雨驟作妻趨前視之則遍體鱗出矣囑妻曰我歲一來歸當以米糕祀我語畢欻然變爲龍騰空去後果歲一還其里里人禱之雨澤霑足禾稼豐稔人呼其宅曰李龍宅

廣西名勝志卷之四終

廣西名勝志卷之五

閬中曹學佺能始撰

柳州府在省城西四百里　領州一縣十

以地當柳宿也唐貞觀八年改自南昆州者本漢鬱林郡之潭中縣地孫吳析置馬平縣梁大同三年八龍見于江乃即江南置龍州及龍城縣故唐天寶元年改爲龍城郡矣至乾元元始復柳州○唐元和間刺史柳宗元登柳州城樓寄漳汀封連四州詩城上高樓接大荒海天愁思正茫茫驚風亂颭芙蓉水密雨斜侵薜荔墻嶺樹重遮千里目江

流曲似九廻腸共來百越文身地猶自音書滯一
方䰎𤅢西事珥云牂牁水旣與龍融二江合過柳
州宛轉環遶如壺城蓋水北來還轉向北東處如
壺之頷城則居其腹也柳山廻互交錯而水從之
所謂江流曲似九廻腸者以此○柳江在城南一
名潯水源出懷遠流經象州歷潯梧至廣東入海
柳子厚詩柳州柳刺史種柳柳江邊談笑爲政事
推移成昔年○東亭在江南岸柳宗元記畧云出
州南譙門左行二十六步有棄地在道南南值江
西際垂楊傳置東曰東館其內草木猥奥至是始

命芟刜蠲疏樹以竹箭松樫桂檜栢杉易爲堂亭
峭爲杠梁下上徊翔前出兩翼憑空拒江江化爲
湖衆山横環嶛闊瀠灣當邑居之劇而忘乎人間
斯亦奇矣○柑子堂在城西柳宗元種柑於此其
詩曰手植黄柑二百株春來新葉遍城隅方同楚
客憐皇樹不學荊州利木奴幾歲開花聞噴雪何
人摘實見垂珠若教坐待成林日滋味還堪養老
夫○集古録云柳州文宣王新廟碑唐元和十八
年八月立刺史柳宗元撰文○羅池廟碑昌黎韓
愈撰文其畧云羅池廟者故刺史柳侯廟也柳侯

爲州三年柳民既皆喜悅嘗與部將魏忠謝寧歐陽翼飲酒于驛亭謂曰明年吾將死而爲神後三年爲廟祀我及期而死三年孟秋侯降於州之後堂歐陽翼等見而拜之其夕夢而告曰館我於羅池廟成過客李儀醉酒慢侮堂上得疾扶出廟門而死明年春魏忠歐陽翼使謝寧來京師請書其事於石○孔温裕宣宗時爲補闕以諫討党項羌謫柳州司馬○劉蕡字去華嘗對策文宗極言宦官之禍因得罪貶柳州司戶參軍卒於柳李商隱有詩哭之蕡墓在城西五里　國朝桑悅字民懌

以謂柳州倅不欲往或問之曰宗元小兒久擅此州名往一旦掩侶其上人故爾說弘治間吳人

馬平縣 附郭

釋詳郡下向爲柳州治所宋咸淳初曾徙治于柳城之龍元　我朝復還馬平○唐戴叔倫過柳州詩地盡江南戍山分桂北林火雲三月合石路九疑深暗谷隨風過危橋共鳥尋羈魂巳愁絶不復待猿吟○柳河東集有柳州山水近治可游者記云古之州治溽水南山石間今徙在水北直平四十里南北東西皆水滙北有雙山夾道嶄然曰背

石山有支川東流入于潯水潯水因是北而東盡大壁下其壁曰龍壁其下秀石可硯南絶水有山無麓廣百尋高五丈下上若一曰甑山山之南皆大山多奇又南且西曰駕鶴山狀聳環立古州治省焉有泉在坎下常盈而不流南有山方正而崇類屛者曰屛山其西曰四姥山背獨立不倚北流潯水瀨下又西曰仙奕之山山之西可上其上有穴穴有屛有室有宇其宇下有流石或形如肺肝如蜂房或構于下如人如禽如器物甚衆東西九十尺南北少半東登入小穴常有四尺則廓然甚

大巖中黑燭之高僅見其宇皆流石怪狀由屏南
室中入小穴倍常而上始黑已而大明爲上室由
上室而上有穴北出之乃臨大野飛鳥皆視其背
其始登者得石枰於上黑既而赤脉十有八道可
奕故以名其山多樫多槠多篔簹之竹多惡鳥雀
其南有石魚之山全石無大草木山小而高其形
如立魚有穴類仙奕入其穴東出其西北靈泉在
東趾下有麓環之泉大類轂雷鳴西奔二十尺有
洄在石淵因伏無所見多緑青之魚及石鯽多鰷
雷山兩崖東西雷水出焉蓄崖中曰雷塘能出雲

氣作雷雨變見有光禱用俎魚豆蔬脩形齋粢虔則應在立魚南其間多美山無名而深峨山在野中無麓峨水出焉東流入于潯水（按峨山距城西三里一名深峨山有雙瀑布飛流如鵝亦名鵝山宋陶弼詩鵝山夏曉雲漫郭龍壁春深水遶村

○立魚山在江南岸里許以形似名山半巖洞玲瓏前一巨洞左右二門通後二洞高廣明潔如堂房可供遊宴山足有潭名小龍潭中多魚與大江通江水消漲此潭隨之又里許爲屏山以其方正類屏爲甑山以其突圓類甑又二里爲雷山兩岸

東西大山相向南有飛來廟最靈廟下深潭名大
龍潭柳子厚有雷塘祈雨文○仙奕山在城西南
詳柳記中又坎爲駕鶴山旁臨大江聳掛如鶴古
州治之所戾也又坎爲新洞山與鵝山相對有洞
可坐百人石乳融結以杖觸之作鐘磬聲○背石
山在城北十里其東山曰桃竹西曰雀岡俗名夾
雙山○龍壁山在城東十五里石壁峭豎下臨
大江郡城之下關也有洞曰關洞距城八里○柳
江郎城南江經江口鎮合相思埭永福雒容之水
下潯州與鬱水合是曰黔江○白蓮池在北關外

池有九竅泉出其中又城北隅有井柳子厚爲之銘沈傳師書見金石錄○陸道仙泉在城東南十里仙巖之麓相傳有陸道人者脩煉于此巖洞玲瓏泉流不竭有古詩刻甚多○仙人跡在城東北十五里有石平地突出周半里許上有巨人跡二相傳鍾呂二仙所留按志城南亦有仙跡山其麓有大雲寺唐初建後燬于灾仍脩復之柳子厚有復寺記見集中○西事珥云　國初洪武間馬平主簿孔性善言溪峒蠻雖常亂擾亦有良心昔陳景文爲令獞猺皆歷差役厥後撫字乖方始仍叛

側誠使守令得人亦以恩信諭以禍福亦當革心
向化　上嘉納其言命吏部凡臨溪峒郡縣擇賢
守令以撫輯之此事柳志不載今簿皆逸其名
　　雒容縣在府城南六十里
唐貞觀初析潭中縣置宋南渡後遷于洛清鄉
國朝萬曆四年以縣屢被山賊焚刦因徙上羅鄉
之嘉祿村爲今所　按雒清江在縣南半里自桂
江分流經縣界至郡城三江口入于柳江縣以此
名○舊縣西十里有龍鼻江發源托定雒斗鄉流
入雒清江○會仙巖在縣南曰象巖有石鐘鼓擊

之鏗然○思微山去舊縣里許上有泉穴四時不涸屏石山在舊縣西北十里下有泉噴水出其中○如來山在縣南十五里高聳峭拔相傳有神女降於此

羅城縣在府西北百九十里

本桂林之玖州洞地宋開寶中置屬融州熙寧中省入融水縣我　朝洪武初復置屬融州十年州廢改今屬○東黄山在縣東有巖曰淵秀○鳳凰山在縣北二里又八里爲覆鐘山俱以形似而名○冰山在縣西北四十里其上高寒四時常冰又

四十里爲葵山以形似之或謂其產多葵故名○石硯山在縣西九十里聖水發源於此○武陽江在縣北界有二源一自高懸里出一自平西里出皆至武陽寨合流入沙拱江

柳城縣在府北七十里

亦漢潭中縣地梁置龍城縣宋景德年改柳城○按張維廣西郡邑志曰梁大同三年八龍見於江乃即江南置龍州及龍城縣隋開皇初從治江北州尋廢至元移龍江東　我朝因之○青鳳山在縣西二里高百餘仞上有一竅通明亦名穿山○

烏蠻山在城東南二里高聳臨江下有深潭澄湛徹底以其山石純盧故名○勒馬山在縣北三里舊縣治處○銅鼇山一名雲蓋山在縣西十里高大峻聳雲霧常覆其上○筆架山在縣東十里尖銳而秀故名○觀音巖在縣西北回環相通西有臨西閣北有丹霄亭南有石田石盆池巖東有會仙巖巖中有仙人跡丹爐○龍江在縣西源出慶遠與融水合流來會柳江○湧珠泉在城西七十里自地湧出市中相傳諸葛亮孔明南征過此馬跑其地其泉湧出故又名馬跑泉

懷遠縣在府北三百一十里

本牂牁夜郎之境宋至和中置王口寨崇寧四年因王江古州蠻納土賜懷遠軍尋改爲平州仍置附郭懷遠縣　我朝洪武十年州縣俱廢以縣置三江鎮巡簡司十四年復置縣○梭平山在縣北五里宋建平州以此一名屏山其下爲治平洲廣數百畝可以耕種○今縣在丹陽洲即古丹陽鎮也蒼帽山在其北珠玉山在其南天馬山在其東掛榜山在其西又北爲大桂山再遠爲唐朝山與湖廣通道縣界○九曲山在下石門其山巔處高

爲伢恠石巖巖中有一泓碧練千尺○石門山有四江左右兩山夾峙崖石峭豎若門古州江出黎平古州合容江及靖州諸水至縣○板江在縣北界源自扶勞山出牛頭上寨經邉田入大江○蕉花江在縣北二十里源自蕉花村至江口入大江又十五里爲田寨江源出吼江北原經田寨播營丹竹入大江又三十里爲西波江源自白雉山入井邉江會合水江○四里江自大理馬平經白花古利龍塘入潯江○斗江水自江源大地入潯江○大融江古州清水江之水出焉即舊縣西北大

江也

融縣在府西北二百五十里

隋置融州唐天寶初改融水郡其城卽天寶時築國朝改州爲縣省融水入焉唐柳宗元詩荒山秋日午獨上意悠悠如何望鄉處西北是融州

東臨融水矣乾元復爲融州俱以融水附郭

〇獨秀山在縣西一里挺然秀發上干雲霄又里許爲旗山勢稍衍迤香山廟棲其麓舊有香山驛宋元間遷學宮處〇老人巖在縣西南四里舊傳有老人拄杖悠然其上故名疊巘隆起度高千仞山腰削

壁忽開巖竇朗明軒豁登自山後石徑縈紆而上
屢憩乃至臨巖一眺俯視萬家雲際諸山如在几
榻○玉華巖在城西北四里巖間有一石蹲踞如
虎昂首而上隮又一石蜿蜒垂首而下盼俗號龍
吟虎嘯者以此○劉公巖在城南四里舊名西岑
宋紹定間郡守劉繼祖命報恩寺僧知性闢之徒
碍剔穢豁然虚明因以劉公名○德巖即彈子巖
也在城西五里玲瓏崆峒濶四五丈高如之內產
石子如彈因名○真仙巖在縣南六里仰視高遠
青白錯雜靈壽溪出焉泠泠清響作環珮聲中有

白石如天尊像舊名靈巖山又名老君洞宋咸平中改爲眞仙巖頒太宗御書百二十軸藏於內張孝祥磨崖大書天下第一眞仙之巖八字又有宋元祐黨籍碑巖背里許平地中有二潭相連大者數十畝小者一二畝水色紺碧中多靈產名安靈潭○雲際山在縣北十里甚高峻上有莘王寨碧二泉山頂出雲多雨雲淨則晴近西爲石門山背江兩山夾峙崖石峻削如門狀土人謂之上石門在縣下者謂之下石門○銅鼓山在縣西南二十里舊傳諸葛武侯散埋銅鼓以服蠻獠後有得于

是山者山下爲銅鼓灘○梂藍洞在縣東北二十里四面青山護列洞中平地如砥石上有硃書梂藍洞三字○鐵船山在縣西三十里遥望髣髴一船尾揷絶頂巖間又有仙女泉以七月七夕嘗有仙女浴于泉側○聖山在縣北四十里長安鎮高七八里上有廟祀虞舜因名近東爲四盤嶺上下二十餘里嶺道縈紆○寳積山在縣東五十里産鐵及盧甘石近北爲天堂嶺上有一泉長流不竭登极飲者以爲天堂也○潭江合縣保江浪溪諸水與龍江合入于柳○保江出縣北呆村至魚窩

浪溪江出縣大段村至長安靈壽溪在縣西南出
六村背江在縣北流經羅城俱入于融○覃光佩
融州人宋開寶六年進士爲監察御史彈劾不避
權貴京師呼爲真御史○張守約濮州人歐陽修
薦其才遂事權知融州峒將吳儂恃險爲邊患悉
捕誅之後脩復薦可任以將軍因請關條利害多
所足納

來賓縣在府南七十里

唐志嚴州下注云乾封二年招致生獠以秦故桂
林郡之嚴州置來賓循德歸化三縣宋朝會要云

開寶七年以來賓縣隸象州按至我　朝始改今屬○白雲洞在縣北二十里洞至深邃常有白雲籠罩其上○石牙山在縣南三十里平地有石峭拔如象牙又三十里爲金峯山方輿勝覽云山有寺大石當其殿前寺僧禱于雷神欲去此石忽風雨晦冥頃之開霽則石已移在山中宋有佛日禪師金華開山第一祖也○思王山在縣北四十里舊經云昔人有得玉于此山者再來求之不得因以名○居格山在縣南四十里山有石門有自然石盆夏生蓮花皆有魚戲盆中又十里爲穿山其

山有穴南北相通相傳馬伏波時獲白鹿於此○瑶象山在縣西瑶光臺記云郡之西山聳秀葱翠四時寒暑陰晴變態不一當其天宇澄霽倏爾溟濛紅日朝暾遊雲間出悉爲白象之形宛若生成奔逐飄逸於西山之上○雙泉巖在縣西北嘗有士人讀書巖中而患無水忽一日雙泉湧出濶丈餘夏凉冬温○武禪山在縣境昔時有武志士者脩煉于此每出赴人齋供則架青布幕爲橋去五七里遠至市廛宋皇祐初白日上昇○大江在縣南發源遷江縣都泥江流合柳江牂柯水自牂牁

來注之元和郡國志云巖州有長水自牂牁流下來賓即此水也○古郎城在縣東南五十里九域志云在古郎山葢以山得名周廻一里○廢武化縣在縣境唐初置屬封川後屬象州宋時廢

象州在府東南一百三十里　領縣一

漢武帝平南越以桂林地置鬱林郡而秦之象郡更名日南今象州即鬱林郡之中潭中二縣地也陳置象郡隋廢郡置象州至今仍之○象山在州治西山多出雲其上有巖白石如象象州之名本此○鳳凰山在州東二里與東岡山相連○燕

子巖在城北巖中空洞可容千人群燕巢棲于此其下有碧潭亦名龍潭山○臼硯山在州南七里石壁横截大江如臼硯然又三里爲鷺鷥巖一名鷺鷥峽其上有石約四尺許扣之如鐘鼓聲呂景蒙名之曰石樂○居鹿山在州東北四十里上有鹿池舊經云天欲雨輒先有雲如鹿起于池中○獨傲山在州南五十里舊名天益山宋乾德間邑婦獨孤氏與夫妹傲氏採葛山中飲泉見有雙鯉戲水傲氏取之身陷其中獨孤氏往救亦陷俄無形影月餘在室中呼其父母曰吾二人乃仙女因

有過謫於人間今當還故來辭耳衆咸異之呼爲獨傲仙女亦以名其山○濮泉在州東四十里松檜森羅水石交映州人游賞之地其上爲石牛山山多恠石常有雲霧蒙罩天色晴霽儼然牛像頭角俱全○又二十里曰雷山莫休符風土記云天欲雷雨則此山先有雲霧又四十里爲聖塘山高峻懸絶昔有藤根垂地人或攀藤而上有一池水清泠可愛魚鼈黿遊泳桃李樹環遶之且多猿猴及藤爲風雨折去人跡遂絶○象江即柳江也經州城西南州東七里有七里江出天堂嶺入于象江

○滎陽鄭璠自象江得怪石六其三聳而上銳又一如世間道士存思圖人肺胃肝腎次第懸絡又一空而隱外若癭瘤殃疝病不好物者又一色紺氷而理平漫彈之有好聲璠爲象江守三年後還長安無家寄止人舍下計葦六石費俸錢六十萬璠嗜好有意極類前輩人李義山記之○象州清規院池中有龍居焉寺鐘常夜飛入水與龍鬭勝而歸則聲振林木偶一夕不回僧往視之見龍蟠踞鐘上寺隨廢水落清徹猶見其影○王世則永福縣人宋太平興國八年狀元淳化初直史館以

言儲貳事忤旨出知象州有惠政及民祀名宦○象州石橋宋紹興間知州陳太和所築以便民之往來公字仲容莆田人州廨閣有率齋學士孫覿記○國朝象州人吕景蒙弘治間監察御史以直言謫潁州判後稍起廷評不赴著柳州府志十六卷藏用集三十卷又有定性發蒙象郡學的二書

武宣縣在州東南九十里

本隋始安郡之桂林縣地唐武德四年析桂林建陵縣南置武仙縣乾封省桂林縣入焉宋元如之國朝改名武宣○仙人山在縣西四十里嶺表記云

古仙人隱此柳宗元詩云寒江夜雨聲潺潺曉雲遮盡仙人山○仙巖山在縣南四十里巖高一丈深十倍之可容數百人壁上有仙人影中有泉滴成乳○石羊山在縣西六十里峭壁上有石如羊俯臨大江江中石影頭角尾蹄俱全又石上有大字六行隱約如草書無路可行莫能辨其真相傳以爲古仙書題○銅鼓灘距縣十里昔馬援南征得銅鼓于此廣化記曰獠人鑄銅爲鼓以高大爲貴面濶至丈餘者初成縣於庭尅晨置酒招同類來觀○永通峽一名斷藤峽在縣南三十里棲潯

州界民謡曰昔求通今求通求不得葬江中誰其
作者噫陳公楼即都御史陳公金也詳左江下○
宋粟大用年九歲以通五經應童子舉真宗見而
奇之補登仕郎○謝洪與其弟澤皆以文學知名
時人目爲二鳳南遷名賢館于其家者甚衆已上
皆武宣人

賓州在府南百三十里　領縣二

唐貞觀五年置以賓江而名本漢鬱林郡之領方
縣也唐至德二年改爲領方郡乾元元年復爲賓
州○領方山在城東一里古郡縣名皆因之今設

學宮處有元淳祐中進士題名碑○仙影山在州城外相傳有二仙女遊此因留影巖石間舊説解鞍驛在焉宋陶弼詩月髻星冠七大夫遠看還有近還無瑶池侍女雙成道遣下神仙聚飲圖○州南門外圓珠嶺在大江之濱如珠圓抱故名又里許爲銅鼓嶺嶺上行人逢逢有聲如銅鼓也又三里爲頂山舊傳漢陸賈使越時所經又三里曰武湶山又五里曰南山○葛仙嶺在州西十五里有澗深邃可容數百人宋乾道間知州葛翁葺亭其上右在馬嶺之傍○與馬鞍山相連者白村巖也

舊傳巖中暗通武緣縣以火燭之乃可行○又五
里爲金鷄山舊傳有金鷄棲集其上又二十里爲
古漏山泉如滴漏四時不竭州守王舉開浚得之
甘冽可飲○羅鳳嶺在州北十五里形勢蜿蜒爲
治屛障近東曰銅泉山以出銅泉故名○又三里
爲石壁山與白羊山相對其側有廖平巖清勝奇
絶四圍壁密如城郭宋時廖陞祖者居此○鎮龍
山在州東南燈臺山在州西南各八十里極其危
聳接南寧永貴武緣上林諸界迤邐二百餘里○
寶水在州西南三十里自賔永派合東流出李依

江合于柳○李依江源出瑯琊鄉過遷江趨于柳
古融州商船俱于是出○武陵江在州東三十里
源出武泳山合浮江水○白鶴泉在州南三十里
源出南山至瑯琊鄉通鶯寨泉俱合李依○賓州
故城在今城南十里宋開寶間知府楊居政遷置
今政賓化鄉○廢領方縣漢置應劭註地里云爲
都尉治所按志唐于縣置賓州宋遷至舊城北三
十里今廢○楊居政宋開寶中知賓州始創治廨
築城以衛居民前守蒙延永爲賊所害居政撫其
二子買田宅以贍之○梁仲保賓州人也充本州

團練使時儂智高引衆來攻仲保迎戰勝負相持累日賊衆益集城陷死之後人追傷爲保立祠享祀不絕也○元楊維禎狄武襄吟（賓州）海月光團團劍花火樹燒爛斑將軍如內客未散捷書已從崑崙關當時諫官疑武士豈知辦賊遽如此於乎銅面將軍今豈無世無丞相龐公甘老死蓋詠其破儂賊事也○宋紹聖中王鞏以蘇軾黨謫賓州既歸出侍兒柔奴進坡酒坡謂柔奴廣南應是不好答曰此心安處便是吾鄉坡因作定風波詞贈之辭曰嘗羨人間琢玉郎天教分付點酥娘自作

清歌傳皓齒風起雪飛炎海變清涼萬里歸來年愈少微笑時時猶帶嶺梅香試問廣南應不好卻道此心安處便吾鄉

上林縣在州北七十五里

唐武德四年析領方縣置高州六年常廢開拓化外改爲方州貞觀元年改澄州宋開寶五年廢澄州爲上林縣至今因之縣西南一里有勝業寺即祠廢者○扶嵐山在縣北五里其山八分矗若扶欄因建八角仙亭于上又五里爲石光山巖石晶瑩日照之有光○古祿山在縣西七里上有石壇

號仙殿宋雍熙中有盧氏年十歲登山采茶遇仙於此又縣南五里古祿水出焉○思隣山在縣西五里昔有何隣若精道術年百餘歲隱居于此後不知所適鄉人思之故名又里許爲羅勾山以山勢盤屈如勾也又三里爲大明山蜿蜒叠聳中有五峯揷漢四時雲霧隱現不常上有深潭相傳吐光時照數里又縣東七里嶺上亦有夜光與大明山交映名爭光嶺○鏌鋣山在縣南十里昔人有得鏌鋣寶劍于此故名又十里爲鷄籠山中洞宏濶可容百人○石篷山在縣東南十里平地特起

中有巖洞容數百人下有小江穿石縫中水清碧多魚○止輦山在縣東四十五里平地突起圓阜其形如輦上有古木一株亭亭如蓋○智城洞在縣東二十里唐初常厥持節來伏生蠻後隱于此因爲上林人有常敬辯所撰碑存○又三十里曰羅洪山其中有洞宋常旻讀書處旻號白雲先生遇異人有所得章子厚招至象臺勸其勿以榮辱爲念因歸集書一樓閉門誦讀無所不通鄉人以書樓目之象臺即今州驛所○獅山螺山俱平地特起與羅洪山相向有水出焉曰獅螺江○古涤

山在縣西南五十里古樹參天遠望葱蔚其下有古淥水○澄江出大明山下入馬波唐以此縣爲澄州治所其名本之黃龍江里仁江化龍江周江皆在縣北其流注于馬波馬波發源茶江流入遷江有章光水淡竹水樊廟水皆合注之○淸趣橋在城南門外又數百武爲萬松橋○琴水橋在無虞鄉單竹橋在感化鄉石蓮橋在右淥里皆名之雅醇者無虞鄉即廢無虞縣也

遷江縣在州東北八十五里

唐羈縻之思剛州也宋天禧四年改今縣屬賓州

以澄江水爲名○鍾山在縣北一里其下有巖○寶積山在縣東二里疊石崔嵬不通道路頂平可居○印山在縣西二里上有石盤瀦水盤内時出石魚一雙中有八仙洞下有白石牛身全見而二足隱又一里爲煙合山層巒疊嶂林壑深蔚時出煙霞故名○泊艦山在縣北五里其下有巖足容數百人石筍奇甚舟過者皆駐觀之○古黨山在縣西十五里唐書有黨州乃開古黨洞時置又有澄江洞猺人所居無田而有山畬刀耕火種○潮泉在縣西八十里泉水湧出一日三潮自羅月鎮

入于都泥江○鷓鴣山在縣南二十里郡志又謂之白鶴山其下有洞名白龍江水出焉曰龍江縣西二里有賀水又八里有武節水縣南十里有武繩水皆流注之

廣西名勝志卷之六

閩中曹學佺能始撰

慶遠府在省城西南六百里　領州一縣四

秦屬象郡漢交趾日南二郡界後沒於蠻唐初招降置粤州州有河爲神龍所居天寶元年因改名龍水郡乾元元年復爲粤州乾符中更曰宜州宋宣和元年陞慶遠軍節度更龍水曰宜山咸淳初以寧宗潛邸陞慶遠府至今治之其城相傳唐刺史吳檬忠築　國初洪武二十九年因設衛乃拓開舊址合之得一千三百丈北以江爲壕東西南

三面引官陂水爲沼延袤二千餘丈又有鐵城在府城北二里宋寶祐間築黄應德記○慶宜州貢院在府城南宋時置元廢○南樓在府治前城南門樓也有黄庭堅所書范滂傳刻石于上後嘉熙三年樓燬刻併不存右魯直眞蹟字徑數寸筆勢飛動爲趙忠定公汝愚所得寶藏篋笥每遇名流輒求題跋云○明遜國記載　建文帝旣遜位削髮披緇執楊應能度牒雲遊四方自湖蜀入湘至廣西慶遠府衙西竺二寺時有指揮彭英者先曾侍衛或傳有異僧至英往訪之心知其爲帝也嗚咽

不自勝饋烝羊　帝起作偈繞而誦之乃食旣登
舟英復多所贈獻　帝解所乘馬酬之復作偈曰
蹤路人間知幾年艱難險阻共周旋我今別爾東
西去何日相逢兜率天及解韁馬忽騰躍潛然而
斃多記近事○月山叢談四卷郡人李文鳳撰

宜山縣附郭

唐龍水縣爲宜州治宋嘉祐七年省洛曹縣入焉
宣和間改今名以有宜山在縣北二里龍江上江
源自貴州都勻府流至城北而東兩岸石筍孤峭
直下柳城合於融江○北山一名會仙山在城北

一里上有白龍洞洞有石龍鱗甲宛然唐末河東陸禹臣嘗遇軒轅彌明授以仙術且曰子之成功當在山窮水絕之處禹臣乃歷覽至宜寓吳生家生師事之因與登覽歷遍大小巖穴凡二十所遂居大巖修煉不復出手植異桃石榴歲久不凋後尸解仙去又里許爲天門山兩峯如削峯嵂參天宋馮當世祖墳在焉其子孫所居曰馮村○南山在城南五里山有洞軒敞如屋中有石龍鱗甲皆具因名龍隱洞前有廣化寺宋真宗嘗賜御書千六十軸藏之閣中州有廬僧者名德洪自幼棲止于

寺一旦不知所之州守張自明建昌人寓京邸有
一僧來謁自道其名與所居遂晋之談出一履爲
券及自明至因遊南山問德洪所在衆僧愕然曰
此僧別去不知所向久矣自明乃焚香祝曰汝如
有靈引我以香已而香拂山背石室中隨往觀之
有一窡燈光微明德洪坐化于内隻履在前正與
所貴者爲對○九龍山在城西南六里山有石田
高低井井洞口一潭深不可測張自明一日集諸
士民言曰吾入關矣士民隨之詰此山入洞光景
殊別有石碑題曰宋刺史丹霞張公之墓鐫磨若

窗構自明飄然而入洞口漸合令石門僅容一人側身而進○日山在城東隔江九里其西有月山距城二十五里皆以形肖而名古識云東有日山西有月年年征戰無休歇賴得西水向東流世代永無憂○香爐山舜風山在德勝鎮羊角山在河池所俱屬府西○龍泉在城南二里泉湧僅一勺然灌溉甚廣其水重于諸水黄魯直編管宜州暇嘗秤之果然泉上有石橋舊名歐公橋山谷易之曰龍濟橋○西事珥云黄魯直言余謫宜州半載官司謂不當居官舍乃抱被入宿於城南所饒舍

上無雨蓋下無風障市聲喧瞶人以爲不堪余家
本農使不從進士籍仕宦則田間廬舍正亦如是
亦何所苦也○馮京本宜山人父商寓鐔津往來
江夏遂占籍鄂州京中三元仕太子少師致政今
尚有三元祠在學內○區華宜州人與黄魯直友
善後爲瓊州理魯直送以詩有送子之官瓊海上
鯨吞舟楫蜃樓虛之句○何旦宜州人嘗爲海南
都巡簡使與蘇軾遊多得其筆跡還遂家槖中一亡
所有親識或嘲之旦出所藏軾書示之曰此海外
奇珍也人服其風尚○趙抃衢州人慶曆中爲宜

州別駕愛民如子尤加意士類暇則集諸生會于香山梵宇相與講明有一戍卒誤殺人法當死方繫獄病疽未潰捽使醫療之得不死尋會赦免其愛人之周類此○俞若著崇寧間判宜州時黃魯直謫居黨禁甚嚴士夫削軌掃跡若著獨爲經理舍館敬禮彌至又遣二子相從時論嘉之○南渡乾道八年舒璘字元質通判宜州謂所知曰楸床蹠席總是佳趣櫛風沐雨反爲美境璘浙江奉化人○張自明字誠子以宜州教授攝州事崇重教化創龍溪書院課士其中士風爲之易嚮又新黃

太史祠而自爲記畧曰初度地有細民宅其旁夢
有人云此非汝所得居亟去之及爲工祠旁又一
民夢曰汝輩勿汙此坎屋隙地數尺有器以錫汝
民如言坎地得一古甆六○通志載宜州吳某妻
鄧氏其夫在戍所鄧以衣寄之而侑以一絶云欲
寄寒衣上帝都連宵裁剪眼模糊可憐寬窄無人
試淚逐西風洒去途題畫菊云良工妙手恁安排
筆底移來紙上栽葉綠花黃長自媚等閑那與蝶
蜂來

天河縣在府北九十里

與地廣記云唐與州同置宋大觀元年隸融州靖康元年改隸宜州○比陵山在縣西二十里麓有泉水里人有吳生者師事陸仙翁脩道於此○三潮水在縣西一十里一日三潮潮退則其流一線可以溉田因名聖水○湘山寺在縣城北宋時建

河池州在府西二百十五里 領縣二

本唐羈縻智州之地宋初置河池縣隸宜州省富力縣入焉大觀元年於此置庭州以縣為懷德縣隸之四年廢庭州其懷德縣復為河池縣隸宜州元因之我 國朝洪武初省三旺州入焉弘治間

陞為州○吳山在州前其下即秀江也智州山在州西四十里綿亙百餘里舊智州治設此○金城江在州東五十里舊金城州以此為名太平山在金城江次巖上鐫天下太平四字○西事珥云河池州近山地牧童十餘人群聚歌舞或吹笛戲方劇忽山半一人約長二丈面闊三尺餘披髮鳥喙背有二翼俯觀群童為樂嬉然而笑垂舌長過腹群童顧見大驚皆反走其人能夷語呼曰合合勿去仍歌舞吹笛以樂群童復聚吹笛歌舞如故其人喜拊手大笑聲震林樾已而垂舌久之始去

思恩縣在州西一百五十里

廣記云唐貞觀十二年開生蠻與環州同置因屬焉後州沒於蠻宋熙寧八年以環州思恩隸宜州我弘治間改今屬○寒山在縣南五里土人謂之寒坂以山高多風炎方之人甚宜之○緝山在縣北二十里土人謂之暗嶺以其山嶂叅疊日光少見故名○石巖洞在縣東二十里三峯之下天成巖穴寬約五六丈有泉自穴中湧出○環江在縣南六里唐環州治也帶溪在縣北四十里源出茘波至此旋流如帶入龍江宋之帶溪寨設焉又十

里爲婆婆泉其泉常隱不見遇行者渴而求飲則湧出寔名婆婆泉

荔波縣在州西北百八十里

宋置荔波州以羈縻蠻人元因之屬南丹安撫司國朝洪武初廢入思恩縣十七年復析置荔波縣隷府正統十二年改隷南丹尋復今屬○方林山在縣北五里○水巖山在縣西十里其下有水從巖中出○勞村江在縣東南一百二十里○志云思恩荔波二縣西北界上與貴州爛土黎平諸夷相接不通王化有美杉生山下山頹覆壓不知幾

千百年矣夷云是諸葛丞相伐而埋之雖未盡然
要亦兩漢先秦時物也夷人每候其地有紫氣上
騰則群聚穿土輒得之紫色堅類牛角投於水即
洗解爲棺出市之

思恩府在省城西南八百里　領縣一

漢屬交趾唐爲思恩州屬邕乃澄州止戈縣地宋開寶間廢澄州以止戈賀水無虞三縣省入上林治平間以上林之止戈入武緣隸邕元屬田州路歷代羈縻而已　我朝洪武初土官岑永昌歸附授思恩知州仍屬田州永樂初改屬布政司時居民僅八百戶永昌死子瑛襲瑛有謀畧善治兵左當上官意前後鎮守大帥皆優異之洪熙間從鎮遠侯顧興祖奏以武緣白山峒七百戶分屬思恩宣德間復從都督山雲奏以上林滌溪峒八百餘

户益之正統間瑛以功陞田州知府仍管思恩州事瑛欲兼管田州府與知府岑紹交惡安遠侯柳溥議陞思恩爲府又益以宜山八仙諸峒六百六十户從之尋改爲軍民府瑛以府治遐遜議改于橋利又請置學校立師儒增廣生徒比諸内郡焉時兩廣用兵多所調發總兵董興檄瑛討賊師黄蕭養破之瑛守柳慶又敗峒賊韋公點于賓州瑛上首功四百五十餘累陞廣西參政改都指揮同知擢驃騎將軍都指揮使瑛死子鏳襲遣逆自縊以鏳弟鐩襲鐩死子濬襲濬以兵力雄長弘治間

屢寇思城果化上林都陽等寨攻陷田州逐知府
岑猛俘其妻子婦女百二十九人都御史潘蕃疏
其罪狀集兵進討濬敗死遷其家因議改銓流官
以雲南知府張鳳爲廣西右參政掌思恩府事正
德七年增設鳳化縣治以流官諸夷猶未甚馴伏
單恩劉召相繼爲變都御史盛應期遣官軍平之
未幾而土目王受與田州目盧蘇合謀煽亂勢益
猖獗新建伯王守仁受命至乃一意招撫而檄受
等破八寨賊爲張其功因列思恩地爲九土巡簡
司官以頭目授王受白山司巡簡得比於世官矣

又以思恩舊治瘴霧昏塞宜更之爰塏于是擇地
荒田以建新郡割武緣止戈二里益之又議割上
林三里而移鳳化縣治于其處蓋寓犬牙相錯之
意嗣之者爲林公富所議遷郡割止戈里俱如公
指惟以三里當設衛而弃鳳化縣裁之遂令府治
益孤嘉靖十三年鎮安岑金寶詐以岑濬子謀弃思
恩守備尚乾督九司征之誅金寶十六年鎮安又
糾衆謀亂參將沈希儀誘至柳州殺之其後九司
日恣所轄吏民不堪知府陳璜尚加綏戢目把劉
現盧田以復土爲名鼓衆煽亂副使翁萬達因有

平安南計擒盧回殺之招回九司從亂者三十餘人最後東蘭人韋苴詐稱岑濬子起雲謀復土官卒爲九司頭目所縛萬曆七年督府吳文華謂九司日以驕黠編民甚少綏寧難條奏割南寧武緣縣屬思恩仍是思恩稱巨鎮矣○右江大志曰舊治四面絕壁百攢碎硎觸處皆苦利砱砑之石如在矛戟中靡霧皆塞薄午始開今治四野夷曠軒豁秀麗後山起伏蜿蜒數爲平原兩溪繞山合流而入于淩江水既通商貨輻輳比於內地云○同郡吳趙登郡籌邊樓詩高壓郡西城籌邊不浪名

山三向敞雞犬幾家聲敗堞煙中靜危橋竹外明公餘一登眺觸處盡詩情又過官塘四野陰霾一夜清風花煙柳報新晴橫塘湫湫倉庚語黄犢家家帶雨耕題普濟橋路遶平田水遶堤草乘晴戲野禽啼石橋斜日林塘晚絕似肩輿過竹溪○府志云獨秀山在舊城東半里一峯獨立不與群山相連八景中獨秀晴嵐即此○仙女山在舊州城内前有大澤水光如鏡俗名仙女照鏡潭○白雲棲霞滴玉通天諸巖俱在舊州左右舊州距今治以五六里○閩山人傳汝舟若同太守周璞遊郡

內諸山川其題城北十里暗山詩云亂山盤一逕裂水伏無門谷助徒聲響煙籠馬色昏息陰遥問樹貝食偶逢村今日來遊意祇堪許靖論又題五峰詩平野獵歸風色暮五峯廻處石門高穿巖村老多燃炬供酒狼家盡帶刀雲氣乍孤山下雨松聲遥捲峽中濤不堪仙竈埋幽草極目丹崖思獨勞志謂五峰在舊府學前內有仙巖石室○知府周璞同傅山人遊獅子巖數載塵埃笈白頭乘風今喜到巖丘勢廻西北瞻宸極形峙東南鎮粤州半榻幸同遺世士一官深愧富民侯雲蘿石壁平

生興即欲投簪向急流右巖在郡東南中空石懸如乳人物花鳥多所奇狀○清水江在郡城北有通津二水出城中合橋利以及䮘蒙江皆流注之亦洪水渊之下流也○人影山在洪水江之右有人影在山半石壁上作招摇態

武緣縣在府南五十里

本漢領方縣地梁屬嶺山郡隋置縣尋省入嶺山唐武德間復置宋景祐間益以廢樂昌縣地屬邕州　明興因之至萬曆七年始改今屬○起鳳山在縣東十里平地特起兩峰軒翥如鳳上有飛來

寺○伊嶺山在縣南三十里上有懸巖宋嘉定間周師夔結菴脩煉于此有石刻詩像銘贊○西江在縣西門外源出大明山劍江至白花村合仙湖江抵縣城西相傳水中有石鼓擊之必致風雨○南流江在縣南二里源出大明山之滌黎江合下沙博灘二水經陸𡸁下黃下洞諸村會西江流出南寧入大江○江南岸有靈水江平底皆石泉源湧沸夏月水漲流濁此獨清澈日光薄射五色晶熒昔有犀出岸傍頂發光采故以靈名

廣西名勝志卷之六終

廣西名勝志卷之七

閩中曹學佺能始撰

潯州府在省城東南九百里領縣三

江曰潯江東城門曰潯陽郡名取焉唐太宗所置也貞觀十三年廢屬龔州旋復置至今沿之〇潯江在府城東黔水自城北鬱水自城南至此合流東下蒼梧入海城南十里有羅葉水又五里爲湶水城北三十里有都耶水東北五十里之大湟水西南五十里之繡江皆入焉按志湶水出曠野中洼石甃其旁水泉深碧中有巨魚人以爲神不敢

采捕繡江與橫眉水合流湛碧如繡即唐置繡州處○唐曹唐潯江紀遊盡與南遊辛未判水工舟子不須催正思碧樹闌心句難放紅螺蘸甲杯漲海潮生陰火滅蒼梧風煖瘴雲開蘆花寂寂月如練何處笛聲江上來○嶺右遷客錄云唐常侍價辛相挺之子也以得罪流放繡州詠歌之聲達於戶外○宋胡旦渤海人淳化中知制誥坐王繼思累謫潯州旦以狀元進身雖在謫所著書得三百餘卷嘗鑿大硯方五六尺刻記云胡旦修春秋硯○趙子崧宋宗室也號鑑湖居士建炎初貶巽州

未幾放令自便值道梗未能歸寓居於潯先是宣和間館職有謂子崧曰夜夢帝勅公爲白石洞天主去後子崧竟歿於潯（）曾幾贑州人號茶山居士建炎初避地於潯嘗有詩云鷄犬圖書同一舸老夫蕩槳兒扶柁潯江一繫欲生根夢下湖南向江左（）陳翥延平人瓘曾孫也慶元間爲潯州守瓘故遷出縣寓于潯士大夫高之刻高宗賜正彙手勅于碑以風後學（）魏濬西事珥云舊傳潯州官圃有娑羅樹一株甚巨每枝生葉七片有花穗甚長而黄秋後結實如栗可食唐李邕進娑羅樹

狀云此樹不庇凡草不止惡禽如得託根長樂櫂頴建章布葉重陰比月中之丹桂涖枝椄影對天上之白榆東痒則青郊若而蔵不㦗西茂則白藏泰而秋有成蓋異種也佛書一曰菩提樹一曰娑羅樹云○禹卿又云予鈎校至潯時已近午節署階前列菊二盆開花甚盛詢之云郡學博齋頭數十盆獨此二盆忽花非常種也異之爲賦一詩云五月能開九月花最憐炎日有寒葩閒看籬槿休爭麗靜伴畦蘭併茁芽傍節未須愁乏酒落英還取弔懷沙從來仙種多靈幻不與人間管歲華○

銅泉張維鼎左江道叅政也城北有馬氏園頗稱
勝𥨊雨時過之作詩云第宅西偏好林園十畝
開花名詢失譜禽語隔江來愛竹沿幽逕班荊席
古苔殊方懷土意賴此得徘徊○郡守陳紹功晉
江人題郡圃之卧齋種蔬蒔卉各四絶今録其半
云堂叅罷談景蕭踈日費公家五斗儲將毋不求
耕古奉䰟栽隙地有佳蔬又閉戶翛然不看書朝
來彈鋏食無魚呼童且共灌園去不着衣冠即野
夫又郡齋半畝即花田煌雨來時翠色鮮更有清
香敷滿座寧須膊鴨噴沈煙又手栽花木滿欄干

山爲偷窺下羽翰鮮得此時同樂意留芳更與後
人看

桂平縣 附郭

本漢布山縣屬鬱林郡唐頃字德雅番禺人爲布
山令寬和爲理卒之日人祀之梁置桂平郡隋郡
廢於布山縣地置桂平縣屬尹州後屬鬱林郡唐
武德間屬貴州貞觀初屬燕州七年始屬潯州十
二年州廢屬龔州又省陵江縣入焉後復置潯州
而縣屬之相沿至今〇按貴州即今府屬之貴縣
連尹州在其縣南龔州設平南縣龔江燕州去今

治西六十五里廢陵江縣在桂平之崇江里○縣境羅繡里有廢羅繡縣武平里有廢武平縣常平鄉有廢常平縣城隍井市俱存又有廢皇化縣本漢阿林縣地隋改皇化宋時省入○南湖在城南延袤二里中有洲洲上有平波南浦兩亭○銅鼓灘在城東一里多巨石春夏水漲響如鼓聲又下爲碧石灘弩灘思傷灘砍石灘皆最險者○思陵山在城西五里一名西陵有巖曰三清巖宋淳化初州守姚嗣宗常遊因名姚翁巖有泉曰湧泉即思陵水之源也○獅子岡在城西十五里以形似名

○寶子嶺在城南三十里出五色石子如寶貝然○鳳巢山在城西五十里下有龍潭○石鹿山紫荊山俱在城北五十里又西為羅影山○白石山在城南六十里兩峯並立下有巖洞通北流勾漏世傳葛洪常往來其間上有會仙巖磴道險峻而巔甚廣可容數十人有煉丹竈八仙石俱在獨秀峯側有泉曰漱玉始流微細鳴鍾鼓則泉湧出道書第二十一洞天有清真觀一名陽明觀內貯宋太宗御書○羅叢巖在縣西南六十里巖中明爽可容三百人內有碧虛洞由危穴而入通行平坦

屈曲約半里許出於巖東洞内有石佛石磬石獅石床相傳宋程明道正叔二夫子築臺讀書於此其下有靈源洞亦出石穴而入通行平坦其屈曲約一里出於巖西内有石羅漢象馬魚龍之屬○崑崙關在城西七十里又西南爲崚嶒嶺路極險峻○雲合嶺在城南八十里危聳而秀雲合則雨○石梯山在城西一百里削直如梯路通容管○水表山在城東南頻嶺在城南俱一百二三十里○閬石山在城北一百六十里一作碁石峯巒競秀如列旌旗五代時狀元梁嵩讀書於此嵩平南

人○永通峽在西北境大山夾江延袤數百里勢極崎嶔猺賊所出沒　國朝都御史韓雍討平之原名藤峽舊傳峽口有藤大如斗長數百丈連峽而生公命斷之汁流水赤賊巢始空正德十二年都御史陳金奏改今名鐫有勅賜永通峽五字于石永通峽謠已見右江

平南縣在府東一百二十里

本漢猛陵縣地晉置武城縣劉宋改武林縣唐貞觀七年分置平南後自武林移龔州治此領陽川武林隋建大同四縣以益之宋以思明州之武郎

縣及大同等四縣省入紹興七年廢龔州以縣隸潯州至今因之○按龔江在縣東南一名都泥水西通邕宜二江東過藤梧入海縣有烏江白馬江流注之唐龔州以此名　燕石山在縣東南十五里圖經云每春夏群燕皆巢石項唐以置燕州焉○遊魚洲在縣前大江中秋冬潭清水涸洲出如魚遊形○滌水河在縣東南二十五里接大江上有石鼓扣之清越○蛇黄岡在縣北四里岡勢盤紆出蛇黄每歲九月邑人掘深七八尺始得大如雞子小者如彈丸其色紫磨之可傅腫毒尤治小

兒鷲嵋）思鵝巖在縣西二十里石狀如八角樓

又有高陽巖與之對峙巖宇高曠前瞰平野相近

有胡叟巖又有暢巖其中石門石榻源泉溅出宛

如跳珠又二十里爲西嶺宋守姚嗣宗詩井邑倦

炎酷西巖境獨清即此○藍峒山在縣南六十里

竅穴甚多其下有藍峒村上有石脚巖或云通勾

漏○維靈山在縣東南八十里九峰鼎立下有深

潭○高陽巖在縣西北九十里内有宋治平中詩

刻以地勢高而向陽故名○廢思明州唐永隆初

之思唇州道後改思明後省入○廢武林縣在縣

馬廟相傳嘗嘗兵白馬遊東壕墟過渡偶沒于水
丁賦有差郡人頌德立祠祀焉今縣東六十里白
門望至子賦詭奈憐之聽且六去贈遺不受但言明爛本郡
第一宦至翰林學士見詭奏多荒政乞歸養因獻筒
紅〇五代漢宋高平南人劉龍吳白龍吹元堂樂進士
虞盧循猶傷國楊僕已兵分羽起義然且生去村前燒影
至來燈外此夜循溪中照桃殘鷄日吹燃烟沒其風
川里但唐時置岡後有人　宋陶游過思岡詩錢
置廢入同縣在縣之大同鄉廢陽川縣在縣之陽
之武林鄉劉宋置廢隋建縣在縣之建色甲階時

因祀之其說誕妄恐不足信○西事珥云程大中珦皇祐間知龔州時儂歐希範爲亂䝉誅忽傳其神降當爲我立祠衆信之迎其神于龔珦詰之皆曰比者過潯潯守以爲妖投之江中逆流而上守懼乃更禮焉珦立使投之順流而下其妄乃息○

按晉書陶侃字士行潯陽人以忤王敦左遷廣州刺史時王敦以王機爲交州刺史杜弘據臨賀連結温邵及交州劉沈俱謀反侃擊杜弘破之執劉沈於小桂又遣部將許高討機斬之太興初進號平南將軍縣之名本此○平南二鄉邑雖𠄘石

姓相看貧不了鶖魚潑潑紫江流兩下分頭恨人少益元時人謡也

貴縣在府西一百四十里

輿地記云廢鬱林郡在貴縣西廢鬱林縣在貴縣東廢南尹州在貴縣南按當縣原爲貴州唐貞觀八年改自南尹州者天寶元年又改爲懷澤郡至乾元間始復宋孝宗時陞貴州防禦使我　國初改州爲縣以鬱林縣省入○州城唐元和間刺史謝鵬因容管經畧使楊文討賊駐此乃借兵夫發古塚磚以築城宋紹熙間署郡譚景先修之○按

鬱林郎漢廣鬱縣也晉改鬱平宋開寶間改鬱林爲州理注水經曰牂牁水又東經鬱林廣鬱縣爲鬱小畬水注之是矣○縣城南江卽鬱江也縣南四里沉水江縣東龍山麓沙江皆入焉又有寳江一名浮江自賓州來東津江自廵司前龍江分來横眉江自鬱林州来繳江自興業縣來武思江自博白縣來俱流注于鬱○鬱林郡故城吳鬱林守陸績所築治東北有谷公井相傳漢刺史谷永鑿也治東南有陸公井南漢乾和中刺史劉博古種橋于井傍又名橋井○縣南鬱江之傍有紫泉無

源偶現紫色禎符嘉應自是邑人每候以爲祥縣西北有石井亦通大江水竭則歲荒因名司命井○廖家井在縣北塘中有石洲其上有紫紅亭遺址○嘉魚井在縣西泉通江穴時出嘉魚又里許爲南澗井東有巻石蘇軾大書南澗二字○又里許爲東井怪石湧出水流石底又里許爲謝公池以唐守謝雕浚之而名○瑞松井宋孝子梁絽所居傍有井露著松樹上後爲廣東提刑幹官蘇軾南遷與絽相見詢知狀爲署其亭曰比露林曰瑞松其讀書處曰薰風○龍腹井在縣北二十里求

深數尺攪之色濁汲之旋清禱雨輒應○潮水泉
在縣西六十里其水盈涸不時或遇祈饗一日至
三四十潮漢封其神爲澄瀾公唐設潮水縣於此
至宋廢○南山在縣南十里上有七星巖二十四
峰峭拔奇秀甲於一郡山中石室有石筍佛像龍
田之屬有景祐寺宋咸平初嘗賜太宗御書凡二
百二十軸藏於此○東山在縣東二十里峰巒秀
特相傳唐時有何特進履光二人隱此后化爲石
今山頂有石狀如二人並侍西北一峯望之如婦
人搭帔簪花俗呼新婦巖○北山在縣北二十里

上有瀑布千仞禪僧羽客多所棲止右經云周穆王時山上有物相鬬頃之一女子號泣云吾乃神也因金牛星驅雷電與山頂石池神物相鬬令神物已化爲石牛矣每旱殺牲取血和泥塗牛背以醎鹵塗牛口歌牧牛詩以樂之祀畢即雨泥盡乃晴又十里爲顯朝岡陸績爲守嘗登之仍鑄渾天儀於其上○西山在縣西三十里五峯並立山多躑躅花○銀山在縣東北上有石函望之如銀俗呼爲仙函○龍影山在縣南唐莫休符風土記云石壁上有五色彩畫龍形○思巖山在縣南七十

里山中有居思娥者人入山恒見之不知名姓世代開之則曰此山中人也人號之曰思巖異人山多奇花果味與常别取而懷之輒迷不得出○龍馬山在縣西北七十里山多虺其毒殺人用冷石屑着瘡内即活俗傳有馬嘶及奔踶聲主多疫癘○登仙崖在北山路傍去縣七十里接神女嶺或聞山上有宴樂聲則歲穰人安○馬嶺龍山皆見唐書馬嶺一名馬度唐已前馬嶺縣設此龍山則唐貴州懷澤郡下注云有龍山矣按唐書中山桓彦範于中宗時反正有功爲武三思所譖出瀼州

遣御史周利用往窮其事遇於貴州遂被害則是時貴州尚未改懷澤郡也又有懷澤縣在縣南一百五十里亦唐時置宋廢今爲懷澤驛○縣境有烏滸夷巢居皆射翠取毛割蚌求珠以爲業即漢鬱林太守谷永所招者今散處溪峒宋開寶中曹克明知邕管時宣州澄海軍校陳進反鬱江暴漲州城頹圮克明率丁夫伐木爲連舫維之水上狀如郛郭又多設旗幟浮巨筏陳兵其上爲守禦募谿洞兵三千與安撫使曹利用行次貴州遇賊大破之徙宜融等十州都巡檢使○三江城處潯上

流鬱江永滙於此大宗伯蕭雲舉碑畧曰三江故盜墟陽羨何公備兵分守謂宜綰轂其口於是城之不三月而告成行營戍室官兵各所戟門牙衛翼翼堂堂賊徒屏息民用安固公旋擢京卿中丞撫茲嶺右啓績寔自濤始

廣西名勝志卷之八

閩中曹學佺能始撰

南寧府在省城西南二千一百五十里領州三縣二

地里沿革論曰故稱邕管牂柯其西北交趾踞其西南三十六峒錯壤而居延袤幾千里横山永平尤稱要害歷唐及宋建牙置帥與桂州等又郡地最曠可宿數萬師曩者征田州及經畧安南舉弭節兹土則其勢便也自猺夷不靖往仗很兵急則藉其前驅緩則檄爲守圉諸酋乃稍稍驕恣不可盡繩以文法策邕事者至欲開重鎮以復邕

州督府之舊嗟夫事固未易更亦未易言也○邕州唐貞觀初改自南晉州者天寶間又改爲朗寧郡故南寧之名蕪之元泰定爲南寧路　國朝改府有南城臺在城南崑崙臺之左其東北隅有臺亭名最高臺又城北有亭在北湖上創五花州宋安撫使顏敏德所創也○邕州城爲宋皇祐間平儂智高時更築善于崩頹有劉郡守者失其名夢神人告以就蛇跡紆斜處築之離舊城三百五十步績用告成○古邕州城在今城南二里基址尚在邕溪水之所逕也源出欽州流經四方嶺馬退

山夾右邕州前入大江攷韻書邕字从川从邑以四方俱水也（）南寧故屬左江然當郡亦自有左右江之號左出廣源右出莪利此二土州之水滙於合江鎮流入横州是爲欝江欝江左江也至潯州與右江合右江一名黔江（唐李嶠自邕州順流詩鳴鞞入嶂口汎舸歷川湄尚想江陵陣猶疑下瀨師岸回帆影疾風逆鼓聲遲萍葉沾蘭槳林花拂桂旗弓鳴蒼隼落劍動白猨悲芳樹迎羌管幽篁入楚詞全軍多勝策無戰在明時寄謝山東妙長纓徒自欺（宋陶弼秋日登南城臺江國家書少

秋臺寒草生無人來遠渡盡日上高城落照懸漁市孤煙起戍營東園故籬菊又向酒中傾　又登崑崙臺落照古城隅邊風動隼旟久聞恩戰略多病熟醫書白髮隨年短新情與世疎桃花春水煖還釣舊溪魚○按李嶠字巨山唐高宗詔擊邕州叛獠以嶠監軍嶠入其峒悉諭降之陶弼字商翁時爲西上閤門使知邕州○元和郡國志云邕州左右溪洞日得銅鼓相傳爲漢馬援所製形如坐墪而空其下滿腹皆細花紋極工緻四角有小蟾蜍兩人舁行拊之聲如鞞鼓○嶺南異物志云馬文

淵積石爲塘達於象浦建金標爲南極之界俞益期牋云文淵立兩銅柱於林邑岸北有遺人十餘家居壽冷岸南與銅柱對皆以馬爲姓輿地紀勝云唐馬總爲安南都護建二銅柱於漢故處五代晉馬希範平群蠻亦立銅柱於溪州二公皆以爲伏波之裔故今左右江各有其一而援之原文曰銅柱折交趾滅交人往來疊石於下以固之唐張籍蠻中詩銅柱南邊毒草春行人幾日到金麟玉環穿耳誰家女自抱琵琶迎海神楊用脩丹鉛總錄云金麟之麟當作潾涯水經所云金潾清渚是

也○伏波廟在城西岸一里唐武德初建　國朝學士張以寧詩邕州江上古祠宫傳是當年矍鑠翁丹荔黄蕉長盛祭綠沈金鎖尚英風灘聲夜帶軍聲壯嵐氣秋隨劍氣空莫羨少遊鄉里志封侯廟食至今雄以寧福建古田人使安南經此○懐忠廟在城北宋知州事蘇緘晉江人熙寧四年交人入寇衆號八萬緘悉力拒守外援不至乃率其家三十六人闔門焚死緘因戰没後交人乗勢侵桂州行數舍衆見大兵北至呼曰蘇城隍兵來交人懼遂退郡爲立祠元祐間賜今額○滌樓廟在

府治西南五十里山麓有泉出峯坳甚清冽宋皇祐中邕守吳姓者亡其名時寇作亂吳與子三人力戰不克俱死之邕人感而立廟祀焉

宣化縣 附郭

本漢鬱林郡之領方縣晉分置晉興郡隋平陳廢郡爲縣旋改名宣化至今仍（）縣治五花嶺舊三清觀基也發源自望仙坡分脉徵茫突起五阜伏城内外一府治一儒學一城隍一即今縣治一天寧寺在城西僅百步許較之衢市或高一丈或高二丈或高七八尺氣脉融結有如五花故名（）望

仙坡在城東北一里相對羅山右有羅秀者脩煉於山頂上昇而此坡與之正對故以望仙名宋狄青孫沔余靖征儂賊駐師於此陶弼建三公亭於其上○與望仙相拱揖者青秀山也距城東南十里雄奇秀拔爲邕江之砥障巖洞相因出泉甘冽羅山距城北二十里高檰南城俯瞰北湖廼秀道人脩真之所上有北市龍潭祈禱輙應○其相連爲馬退山山勢趨而復返如馬之退故名舊有茅亭柳宗元爲之記又十五里爲苦竹山其山多生苦竹延袤幾里○道人山在城東北十里形如道

人之冠因以名之○聖巖山在城西三十里峰巒秀聳雲鎖其巔則雨立至○都石山都茗山俱在城東六十里以山純石且產茗也西北爲都龍山蜿蜒起伏若遊龍狀諸山聯帶隨之○思王山在城東七十里跨柳賓界險峻難登望如堆玉故名又十里爲橫山宋置橫山寨者橫截江河市馬之要區也又十里爲石燕山山出石燕天欲雨則飛出又十里即崑崙關孤撑巉峻於群山之上曩嘗設險以扼蠻峒關上有臺可以瞭遠宋皇祐間爲儂智高所據安撫使狄青破其關勝之魏禹卿西

寧尊云狄武襄以上元夜奪崑崙關破儂智高關柢邕兩界水南北分流勢不甚嶮而險亦難行騎者亦以為若旁多岐嶺與諸夷通若繇崑崙須防間道云○伶俐水源出崑崙山流入大江與鬱江合而鬱之上流曰靈犀水時有靈犀出沒亦名靈灣其日八尺水源出交趾界可濾水源出大明山龍溪源出銅鼓陂邕江源出如禾鄉若皆注之○如禾鄉唐初置之如禾縣也初屬欽州後改屬邕宋景祐間廢又有廢懷化州在懷化峒廢思龍縣在思龍鄉俱唐時置宋元祐間廢○唐李翔字

唐之貞元間邕州刺史時寇黄氏等猘鶩負嵎翔
乃布恩信以撫之衆皆悦服郡境始寧○吕仁邕
州司馬也景雲中鬱水横溢民常苦之仁乃立渠
分流以泄水勢自是無淩溺之患○宋初范旻字
貴參丞相質之子嶺南初平旻知邕州爲攝邕管
齊賢河陽人天聖中知邕州治舍有井相承不敢
飲飲輒死仲巳日汲自供傍城數里有金花木俗
言花開即瘴起人不敢近仲巳故以花盛開時酣
讌其下竟無恙○陶弼永州人慶曆間知州事邕
雜記三卷併刻療病方書寘諸廳壁○馬仲巳字

經智高之亂物力彫耗人不樂生弼綏輯拊循忘其勤若諸洞獻土物求内助弼降意撫答謝却其貲皆感化無犯邊者屬久雨慮水入城弼令民徙居高地隨率僚吏塞埌江二門又爲土囊千餘置道上水從竇入即塞之人民乏食發廪以賑或方舟餘之水不及女墻者三板旬有五日乃退公私一無所損弼久于邕爲邕人所愛戴尤喜賦詩轍跡至處多所鐫詠云

隆安縣在府西北百八十里

本宣化縣之那九村先議設馱演那樓寨巡以司

彌歷嘉靖七年新建伯王守仁有事田州相度其土曰可縣也乃請置令治領以隆安之名其城周三百二十丈爲樓四東曰興隆西曰望仙南曰廂泉北曰廂江城外有馬跳橋鸕鷀渡灣空渡皆以濟大江者稍遠爲可盧江渡那緣渡又遠爲曲流渡江源自田州來逕縣左旋繞去城五十里彎成九曲以達郡境云○縣東江岸有三峰圓而秀與學宮對名曰三台又五六里有邑野山巖𣺌四塞如城內有蓮花墖座跱一石人○感昭巖在縣西二里其山上下昭徹故名○逍遥山在縣東四十

里高五百尺嘗結雲霧過者或聞其中有鼓樂之聲絕頂有池不溢不涸又二十里爲龍鴉山山下有巖二亦多怪石如蓮花佛座之狀○蓋橋山在縣南二十里中有巖穴積水架梁傳云自上古神農時至今不朽又三十里曰梅龜嶺廣延一舍樹木叢蔚鳥獸繁殖相傳有神龜盤於古梅樹故名○陽明洞在縣西北三十里王文成公征思田時冊經於此刻陽明洞天四字及平南記一篇

橫州在府東二百一十里

本漢合浦郡之高京縣地元和志云今在高州界

三國吳孫休分立合浦北部以都尉領之晉武帝平吳改合浦屬國都尉立寧浦郡隋志寧浦郡下注云梁分置簡陽郡隋平陳後郡廢置簡州大業二年州廢爲寧浦郡唐武德四年以鬱林郡之寧浦樂山二縣置簡州六年改南簡州貞觀八年始改横州以横槎江爲名○按廢寧浦縣在州城內本吳昌平縣也晉更名寧浦唐爲横州治宋以樂山嶺山二縣併入明興省入州○廢樂山縣隋置故城在州東南五十里州境有廢蒙澤縣唐武德初置貞觀中省者又有廢簡陽城即梁所分置簡

陽郡六〇夫子小影石按几而坐從以七十二弟子夫子行像石吳道子所畫夫子立而顏子從以上二石俱宋紹興中郡守何先覺刻置宮牆縣學各有記〇戒石銘在州甬道黃庭堅書〇廢貢院宋置州人章鐫有貢院上梁文見輿地紀勝〇續川亭在州治南臨鬱水海棠亭在州西海棠橋側舊多海棠樹故名有淮海堂在海棠亭之後爲宋秦觀建按少游以紹聖初削職編管橫州有書生祝姓者居海棠橋側少游嘗醉宿其家作詞云喚起一聲人悄衾冷夢寒窗曉瘴雨過海棠春色又

添多少杜甕覔醲成微笑坐破椰瓢共嚼覺傾倒急投林醉鄉廣大人間少○仙槎亭在城西北隅登高嶺上州人九日登高處相傳晉咸元中隱士董京遇一仙人秋夜横槎于浦宋紹定間郡守張垓因建亭曰仙槎按志横槎浦距城西南十里源出山谷流入鬱江有枯槎横于灘上枝葉扶踈其色如漆光瑩照人故有横槎館秦少游嘗寓焉○鬱江在城南源出廣源州之廣源山流遶學前形如半月一名月江西岸七里有立石高二丈許形如牛皮大鐫横州二字相傳仙人所書清江在州北

十里出石魚天陰有翼飛出武流江在州東南二十五里源出靈山縣界俱北流入州以注于鬱（一）州東十五里有古江源出震龍山流經緣藍至烏蠻驛入于鬱設巡簡司○烏蠻一名烏滸即漢谷永所招其上爲烏巖山去州東城六十里僞漢主名巖乃易爲烏蠻攷異物志稱烏蠻在南海郡之西安南都統司之北即烏滸蠻也古損子産國生首子輒解而食之曰宜弟味旨則獻其君君喜之而賞其婦娶妻美則讓其兄其國有烏蠻灘焉漢建武中國廢如此則烏蠻之名不起自僞漢矣（二）

王文成謁伏波廟詩樓船金鼓宿烏蠻魚麗群舟夜上灘月遶旌旂千嶂靜風傳鈴柝九溪寒荒夷未必先聲振神武由來不殺難想見虞廷新氣象兩階干羽在雲端右廟在烏蠻山麓○志云烏石嶺距州一里石色純盧故名○古鉢山在城北七里頂突而圓如僧鉢盂狀州鎮山也其脅有半山亭鉢之左山形聯絡如九珠鉢之右山形飛翥如九鳳皆因以名之有水出焉其旁多產香稻名香稻溪海棠橋跨之○蘊摩嶠在城西五里傳云仙人董奉亡後人見之于此南越志云在寧浦郡東

南○空籠山在城東十里空明一竅東西朗然又十里爲長寨山形如立笥襟領羅鷺羅鷥者以山平地突起如鷺鷥旁也又十里爲天窗山山有石洞洞口有潭水產嘉魚上有二岐多怪石鐘乳靈泉蟄燕窟盡處有窗通見天日又十里爲鳳凰巖石壁臨江巖半峯旁如畫房前有臺中有柱如鰲足旁有仙牟窩後穿一竅可通巖頂日射之光入洞口○寶華山在州南二十里其巔常有寶氣故名背爲甯公嶺有泉自石槽中瀉下長數十丈形如掛練唐有二僧居之一騎白鹿一騎花虎往來入

山中人號虎鹿仙人又三十里爲東山多樟楠木盤紆數百里武流水之源也又二十里爲天堂山與石橋山相對相傳古有石橋仙人會于山頂爲樵陸所竊以斧劈斷其橋今不可登○綠礬山在州西六十里出綠礬多產礬石又四十里爲震龍山山頂有潭蛟龍所居爲横淳寶貫諸山之冠又五十里爲飛龍山相傳昔有白龍自山飛去故名○古辣泉在州北八十里桂海虞衡志云古辣乃賓横間名以墟中泉釀酒既熟不煮但埋土中日足取出色淺紅味甘而致遠雖暴日中不壞○龍

池在横州北唐貞觀中有女婦陳氏買魚忽有白衣人謂之曰魚不可食可擲水中急上山避之陳如言避於古鉢山頂回望所居皆陷爲池○梁世基横州人歷官大理寺丞用法平允家有荔枝生連理神宗賜以詩曰横浦江南岸梁家閥世賢一株連理木五月荔枝天○嶺右遷客録云唐杜正倫相州人出入兩宮典機密太子失道輒當帝前陪切太子帝責其漏洩上語貶交州都督召入中書令後李義府誣正倫交通罔上謫守横州○張大安緊水人上元中爲太子庶子時章懷太子在

春官令與洗馬劉納言等注范曄後漢書光宅中出橫州司馬卒〇趙不尤宋太宗裔靖康之難募義兵與金人戰皆捷河南北盜亟避其鋒曰此小使軍也高宗即位引衆歸補武翼郎從岳飛平湖寇飛死檜奪其兵遣刺橫州〇文獻通考耕桑要術二卷宣教郎通判橫州何先覺撰紹興癸酉序〇西事珥云橫州學正劉琯持身端謹每日授諸生經講論不倦州守方脩學宫日親至庋工諸生曰盍往迎之琯曰脩學有司職講學吾職也各舉其職何以迎爲〇陸舜臣字師皐橫州人登正德

丙子鄉試爲雷州同知罷歸公喜著書及通賓客如給事中吳時來王事董傳策謫籍茲土皆招致其家時與出游探諸幽勝賡唱輒和賓至如歸云所著有橫州志

永淳縣在州西百二十里

本漢鬱林郡地唐初置淳州治永定縣永貞元年改巒州宋初廢巒州以永定縣屬橫州元祐初改爲永淳縣至今因之○晚松岡在縣南一里里許爲雷峰嶺有雷廟城東三十里又有雷巖劃壁臨江俗名雷破巖○滕山在縣北二十里巖石滴乳

其有衆妙因名衆妙巖又十里爲龍章出相傳有龍出入此山文彩炳然故名○魚流山在縣西六十里山中有溪毎水漲魚常順流而下○司中山在縣西北五十里産鐵力樟楠諸大水○林公嶺在縣南六十里昔有林姓者隱此故名○大江在城西即鬱江也水東江在縣東一里源出梁雞村東玭江在縣東北五里源出領方縣界秋風江在縣南十里源出靈山界俱入鬱江○牛練灘在縣南十五里中有石形如牛龍泉在城西十里有古洞洞有石竇通於大江○嶠南瑣記云潯州西行

過橫赤道上竟日無人居抵州縣次方止日中小憇野館蕭條叢莽荒荆句衣胃犢豻豹晝啼送卒常百餘人云惟使車過此餘皆取間道去

新寧州在府西二百里

舊爲四峒介宣化江惠二州間嘉靖中峒民黄綱率其黨效欵因改四峒爲四都曰武黎曰華陽曰沙水曰吴從隆慶間設州名曰新寧治沙都○玄天洞在州南一里石峰特立上洞寬平仰之有隙通天光其下爲印山○三峰山在州北環列如屏俗名筆架山其下爲金雞巖○石龍淵在州城西

數百步連亘千丈橫截江流三面皆水中一白石長數十丈出地不盈尺狀如龍之蜿蜒又二百步有廻瀾磯巨石突出橫江鬱水至此西流◯慈烏石在州東北一里即州治之脉也磊石星布望之如群鳥飛集雲際◯鮎魚灣在州西五里群峰壁立江畔一石不數尺垂宛若魚形又五里爲犀牛洞洞晁虛明可列數十榻有池一泓其水自石滴下清冷不竭◯獅子巖在州西北十里半山有洞洞口寬數丈平坦如砌石覆其上又一石蹲踞若獅故名稍入邃曲空曠奇禁萬狀再循一隙則亂

乳懸崖逈非人境○朝冠山與州治相對距二十里望之儼然澗水出焉合流曲折以入大江○石人峯在州東五十里接宣化界有石如人卓立水涯若偵候者○風聞凹自安南界分流又自思明龍州合麗江而下○廢武黎縣在州之武黎村廢華陽縣在州之華陽都廢樂昌縣廢封陵縣俱在武緣縣境合割入右江

上思州 在府西南三百里

唐始置羈縻屬邕州都督府元屬思明路我 洪武初土官黃中榮內附授知州其後子孫叛服不

常弘治十八年以州改流官屬南寧府正德六年復叛嘉靖元年討獲其酋州境遂平○獅山在州北二里一作思山州名因之相近爲文嶺山突如三台故名山出温泉○州前有六馬嶺其形如拜又其東有棟銅山山下有三百谷口○特武嶺在州之左高百丈上有土城世傳馬伏波所立其麓爲甘燕巖相對有胡特凹車二嶺亦有土城○獨秀峰在州東南五里其背爲獅子潭水面一石蹲踞昂首若獅子然○明麗峽在州西八里又二里爲鳳凰山其北曰王侯山上有廨址名王侯寨○

柳槐山在州西十二里以多柳槐二樹故名又十里爲排陽嶺四周石壁山半有泉懸如瀑布下注成溪○淥玉山在州北十里雷電時出澍雨立至又二十里爲北梯嶺又十里爲束香山巖峻洞深怪石層出入洞者持炬照之上有弄懷山三字○四方嶺在州西四十里其上有潭名曰天池又四十里群峯巑岏百溪叢注名曰十萬山即明江之源也逵州而西合左江水其側爲葫蘆灣○上魚江在州西南與小江水合○龍跳溪即扳龍溪去州五里上東下銳世傳以龍躍名巖有穴數口春

水蕩漾則魚集于巖隈云

太平府在省城西南二千六百里　領州四縣一

漢屬交趾郡號麗江晉以來夷獠居之唐爲羈縻州隷邕都督府其後或臣或叛不常宋平嶺南立五寨於左右二江溪洞其一曰太平與古萬遷隆永平橫山四寨各領州縣洞屬邕州建武節度元初仍爲五寨後廢乃置太平路於麗江以控制蠻夷我　洪武二年改太平府初治馱盧未幾復還

麗江○麗江在城南即左江也出廣源州流經憑祥龍州合明江諸水遶郡城西南東三面至合江

鎮，與𬍛牁水合，人謂之府前江。○太平城曰壺城

關曰壺關，蓋江水自北來，遶從東北去，屈爲壺狀，

故名。壺關距城北三里，又有廢伏波關，在衣甲山

下，相傳伏波征交趾所築，一名威震關。○金櫃山

在江之東，山形如櫃，其中虛明，可容百人。又三里

爲峨眉山，屹立雲表，秀而長也，相對爲白面山。○

宋有鼇山道人，嘗卧于州學，諸生見而叱之，答曰：

「莫欺閒客也，會作詩。」諸生授紙筆，令吟之，曰：「家住

鼇頭最上山，偶然蹤跡到塵寰。不妨名利場中卧，

忙者自忙閒自閒。」

崇善縣附郭

古名崇山宋所置縣隷古萬寨元改今屬　明興如之○西事珥云崇山即舜放驩兜處唐沈佺期有從崇山向越裳詩朝發崇山下暮坐越裳陰西從杉谷度北上竹谿深按竹谿古道明水杉谷古崇岑也九真圖云崇山至越裳四十里杉谷起崇山竹谿從道明國來於崇山北二十五里合水歌訣藤竹明昧有三十峰夾水直上千餘仞諸仙窟宅在焉楊用脩以爲當在交廣之域似必當地也○志云崇官山在舊縣北二里其山空洞竅通於

江又里許爲石門山江中巨石峙立中通如門○
龍峽山在城南三里又里許爲五廩山山多羊桃
子俗名五廩子○白雲山在城東四里方巖逵亘
如玉屏有七洞相連而白雲最勝洞口懸石扣之
作鐘聲夜静有光如燈出入洞門人謂之佛燈其
下有雲泉○青連山在城北十里山勢綿亘三百
餘里峰巒矗立望之青翠相連故名其陽有青山
巖高濶深邃石乳懸綴奇怪萬狀脫凾成堆盎異
境云又三十里爲盤環嶺純土可耕望見太平安
平二州又名望州嶺○鼇頭山俗名雞籠山在城

東北四里即鰲山也屹立江心其頂有方石長八尺四面花闌中有石紋自然成樹如柟桂狀○西事珥云巖淋在太平之模村入巖二十步幽暗如晦夕有野龍潛伏其中村婦每欲見之則盛飾唱土歌入巖龍乃出馴柔若素習者入村婦懷中盤伏良久乃去間脫下遺鱗婦珍藏而歸以爲獲神之貺若侮褻之雷雨驟至○飛來鐘相傳自交趾思琅州飛來者炎徼紀聞云指揮沈希儀遣舍人劉勳往相之欲槌取其銅以造軍器未至鐘數百步仆地死○龍馬泉在府南峰近江數穴與江相

通上有榕樹覆蔽成畝或曰龍潛于此即太平八景之綠樹神湫也

左州在府東北一百里

舊名左陽唐置隸邕州宋以隸古萬寨元改今屬國朝因之土官黄姓洪武初黄勝爵歸附授知州再傳子孫爭襲相仇殺成化十三年改流〇州治舊在龍村知州李欽承遷于古欖萬曆二年始建學〇天燈山在州南門外以常現仙燈故名〇銀甕山在新村其山臨江山頂有洞以古仙埋有數十銀甕于此〇金山在州西北二里有巖曰通幽

奇峯錯峙恠石環列上有架壑亭鐫金山二字亭後有流霞峯最高登之斯八表在目雙清獨秀諸峯皆聯絡焉○雲巖山在州東三里巖有二層平廣如一中多奇乳作雲物花草狀亦名雲州又云落成巖○栢嶺即北山巖也在州治南三里中虛可容百人隈曲盤旋巧緻足觀前有二坎深不可測後有拱臺若金猊座傍垂石乳又如白龍狀座上有蓮花瓣正似米麥木犀堆積萬點扣之鏗然有聲○傳感山在㘬亮村離城東南八里一水中流奇峯對列若煙雲花卉之狀遇水隔處輙召浮

槎以度之詰曲環遶約里許旁通小巖皆可遊觀有擎雲羅漢佛子度關諸臺瓊花通天石鼓諸洞及洗心池羽化菴皆天然之妙不費雕琢○橋龍江在州前出自陀陵之三清山合諸水流經龍光村環州治而南入于江○龍泉在州東一里高山聯絡一石擎起若龍頭然石下湧出源泉四時不竭滙爲一池形如半壁北流與橋龍江合

養利州（在府北百五十里）

州有養山利水合以爲名土官趙姓我　洪武初有趙日泰者歸附授知州以次傳襲至宣德間稍

用侵其隣境殺掠萬曆三年始平之因改流○右嵩山在州南小印山在州西各去一里印山其形方正似之蒼秀奇特右嵩一作右嵩○弄月臺在州東南二里田中一大石高如臺圓如月上下相映人登其上如在月中○武陽山在州東三里有武安洞滴水成溪與瀑布泉合流入于江名曰洞溪之水

武康州在府東北二百里

舊名康山宋置縣隷遷隆寨元隷太平路　明興如之上官楊姓成化八年其子孫楊雄傑糾合峒

賊二千餘人入宣化縣刦虜且僞署官職總兵官
趙輔等擒誅之因改流

上石西州在府西南百里

唐置石西州宋加上字屬永平寨元屬思明路
大明改路爲府因屬焉後乃改屬太平○州南有
白馬洞洞口隔水決乾乃行秉炬而入初暗後敞
懸石盤旋如芝如蓮如龍蛇虎豹不可勝紀右距
州三十里○州吏土官趙氏何氏黄氏凡三姓皆
絶始改流然自知州殷興爲土人毒死其後陞授
來者縣不敢入多寄孥于太平以承使令之之萬

曆十九年知州孫繼先始新州治携家人从拓城甃井畧改觀焉自後復鞠爲戎莽之場至天啓二年閩人吴爾施者乃披荊棘而進著有西州小紀一卷其詩云黃茅爲宇竹爲門斗米肩豚濁酒尊欲向此中停信宿俄傳交趾掠前邨又幾處人煙覆短墻山多未許牧牛羊頹祠蔓草無香火唯見殘碑枕夕陽又百萬當年事遠征高標銅柱伏波營受降城下徘徊久能得將軍日再生又馬跑相傳舊有泉行人消渴欲流涎赬中携得家園茗太子亭邊竹火煎

廣西名勝志　卷之八

廣西名勝志卷之八

廣西名勝志卷之九

閩中曹學佺能始撰

右江土司

南丹州　東蘭州　那地州　忻城縣　永順長官司　永定長官司　已上慶遠府轄

鎮安府　湖潤寨　田州　上林縣　何武州　富勞縣　奉議州　泗城州　歸順州　安隆長官司　上林長官司　上映峒　思恩九司　已上直隸布政司

南丹州在慶遠府城西二百四十里東抵河池界

西抵貴州豐寧長官司南抵那地界北抵荔波界
其山曰長春山曰三寶山曰金鷄山曰孟英山其
川曰青雲溪紅盆江其產銀錫古蠻峒地也唐為
羈縻州宋開寶初土官莫洪[illegible]內附元豐三年立
為南丹州管轄諸峒　大觀元年廣西經畧使王
祖道欲邀功殺土官莫公佞改南丹為觀州公
佞弟公晟密闗報復焚寶積監尋廢觀州以公晟
知南丹州兼谿峒都巡檢使歷世承襲元至正末
莫國麒獻圖納土命為慶遠南丹谿峒安撫使大
德二年改慶遠路總管府為軍民安撫司我　洪

武初莫金以土地內附授知州世襲以流官吏目佐之仍隸慶遠府金復叛詔征南將軍左都督楊文率師討平之因廢州置南丹衛後以其地多瘴遷之賓州既而夷民作亂復置州以金子莫祿爲知州撫治之永樂十五年有以孟英山開礦爲言遣內臣督其事歲不過九十六金旋變錫遂罷○吳讓字克讓南海人景泰中進士授廣西臨桂縣知縣以清愼知名天順己卯陞慶遠府知府作縣未三年陞府前此未有也慶遠所轄三州皆土官各餽白金三百兩爲贄儀讓却不受南丹知州莫

必善倍前數致懇讓口占絶句遺之曰貪泉爽酌吾何敢暮夜懷金豈不知寄語丹州賢太守元封即贈莫相疑右見黄佐廣州府志

東蘭州在府城西南四百二十里東抵永順司界西抵泗城界南抵田州界北抵那地界其山曰五篆山青雲山勝山福山伐山三佛山雙鳳山幽洞山其川曰隘洞江九曲水銀海池古百粤地唐爲羈縻州隸邕州都督府宋有韋君朝者居文蘭峒爲土夷長依綏南砦家焉傳子宴開崇寧五年內附因置蘭州以宴開知州事俾世其官元改爲東

蘭州韋氏世襲如故我　洪武十二年韋富撓遣其家人韋錢保詣闕上故元所授印貢方物錢保匿富撓名以爲己物因以保知東蘭州既而保徵暴急民不堪命借富撓作亂廣西都司討平之因言其故於是執錢保罪之以州隷慶遠府仍歸韋氏世襲

那地州在府城西南二百四十里東抵河池界西抵泗城界南抵東蘭界北抵南丹界其山曰虎山馬山屏風山感現山紅山懷峽嶺暮曉嶺其川曰鳥泥江龍泉江右百粤地唐爲谿峒之地名曰那

地宋熙寧初土人羅世念來降因授官世襲宗寧五年諸蠻納土遂置地那二州以羅氏世知地州大觀初析地州建隆縣置孚州宣和中孚州廢元仍爲地那二州其酋長世脩常貢洪武元年羅黄貌歸附詔省那入地改爲那地州錫印授黄貌爲土官世襲知州以流官吏目佐之

忻城縣在府南一百四十里東抵馬平界西抵永順界南抵賓州界北抵宜山界其山曰龍塘山疊石山張帽山其川曰烏泥江龍塘江古百粤地唐置芝州天寶初併綜歸思忻芝五州改爲忻城郡

屬嶺南道後復爲芝州宋慶曆間廢因置忻城縣改隸宜州元仍舊以土官莫保爲八仙屯千户我洪武初設流官知縣罷管兵官籍其屯兵爲民莫氏遂徙居忻城界宣正以後猺獞狂悖知縣藴寛不事事而獞老韋公泰等舉莫保之玄孫敬誠爲土官寛爲申監司具奏授敬誠世襲知縣時一邑二令權不相統流官徒擁虚名耳繼寛者益不能振諸錢穀甲兵盡入土官掌握流官知縣惟佩印僦居府城弘治間總督鄧廷瓚奏革流官而土人韋消爲内監官用事陰主之始獨任土官

永順司在府城西南六十里舊爲宜山縣古陽述昆等鄉永泰外里吉利中里夷江端簡緣河思晨等里之地○永定司在府城東南八十里舊爲宜山縣歸善洛三等鄉洛南洛富洛東路西下里及莫往㟧洛分路一都慱等里之地正統六年因蠻夷弗靖司土者莫能控禦耆老人黄祖記與思恩土官岑瑛交結謀割地歸之思恩因誅于知縣朱斌備時瑛方雄兩江大將多右之斌備亦欲藉以自固遂爲具奏將地改撥岑瑛管轄土人嗷嗷不服韋萬秀以復地爲名因而倡亂成化二十二年覃

召嵒等復亂屢征不靖弘治間委官撫之各賊願取前地別立長官司以治都御史鄧廷瓚爲奏置永順永定二司各設長官一副長官一以鄧文茂彭訪韋槐韋朝和等授之亦皆宜山洛日洛東諸里人也自是宜山東南棄一百八十四村地宜山西南棄一百二十四村地○蕭濬論曰我　國家用夏變夷窮髮之地舉爲編户乃承平以來宜州廣輪日朘月削此何以故則計失於恇怯而禍成於陵夷也忻城自唐宋已屬内地而涵濡于國家衣冠禮樂之化者逾百餘載一旦怵於邪説裂冠

毀晃棄赤子而驅之從禽當事者亦忍心矣迅昆莫往諸鄉距郡城數十里而近乃不能固其圉而舉三百餘村之內地界之長官司棄腹心以資敵縱虎狼於堂廡非熟計也藤寃朱斌備以肖書生計無復之不足苛責脊臣陳謨樞臣央策國是所資良非細故亦忍舉　祖宗之土地置之若輕毋飄尾何以責中消耶此風一熾効者相踵自莫楊之侵我茆灘也而思恩州自莫之厚之燹我董界也而荔波州自東蘭之侵我三旺那地之占我中下也而河池並州司土者日以上聞至下詔書切

責而狠心未厭讎擊猶故今日剽一寨明日殺一村我不能保其嬰兒而彼且畜之爲厮養卒日復一日其不淪胥於夷者無幾矣夫變夷之與變於夷也可同日道哉詩曰我先公日辟國百里今也蹙國百里古今盛衰之感策宜事者有遐思矣

直隷土司

鎮安府右百粤地東抵向武界西抵交趾界南抵都康界北抵奉議界漢屬交趾郡宋於鎮安峒建右江鎮安軍民宣撫司元改鎮安路　明興洪武二年以舊治僻遠移建廢東州改爲府其山曰雲

山邑筆山雷高嶺感馱巖其川曰馱命江授土岑天保知府設流官首領佐之天保死志綱襲洪武三十五年何武知州黄世鐵侵奪高寨等地督府遣兵夷之以其地屬鎮安○上映峒元爲州屬鎮安路　國初爲峒隷鎮安府土官許朝卿爲峒事令許尚惠襲○湖潤寨巡僃司始祖岑元全屬鎮安府傳至岑穩隆慶三年調征廣東陳亡子壽松承襲○論曰鎮安僻在諸洞上霧下潦與群獠亡異其改路稱郡徙遷今治付我　明始闢其山有盤石巖石大如盤故稱宏觀蓮花之塘四時不涸

洞多泉流田仰溉灌爬沙穿竹面紆廻自澗會無舉槔之勞廻郡人田事之外無日不陵山阪涉澗毄射飛逐走以相娛快地饒人衆亦足雄諸部落矣

歸順州舊爲峒隷鎮安府永樂間鎮安知府岑志綱分其第二子岑永福領峒事傳子瑛屢率兵報效都御史鄧廷瓚奏歸順峒舊爲州治洪武初裁革今其峒主岑瑛毋効勞于官乞設州治授以土官知州從之仍增設流官吏目一員瑛死子璋襲復從璋奏以州改隷布政司璋多智略田州土官

岑猛以不法獲譴都御史姚鏌將舉兵璋猛婦翁也督府慮璋黨猛召都指揮沈希儀問計希儀雅知璋女失寵恨猛因請假旬日部下千户趙臣雅善璋希儀召趙臣以計紿之璋强臣留傳舍而亟遣人馳希儀所備陳猛反狀恐波及願設計自效希儀許之猛子邦彦守工堯隘璋佯遣兵千人助邦彦曰聞天兵至將以姻黨誅我今日義同死不忍坐視此皆精兵可當一面者邦彦欣納之璋復遣人潛告希儀曰謹以千人内應矣時田州兵殊死守戰諸將軍莫利當隘者希儀獨引兵當之約

戰三合歸順兵大呼曰敗矣田州兵驚潰希儀麾
兵乘之斬首數千級邦彥死焉猛聞敗欲自經而
璋先已築別館使人請猛時猛倉皇不知所度遂
挺身佩印從璋使走歸順璋詭猛爲猛草奏促猛
出印實封之璋既知猛印所在乃鴆殺猛斬其首
并府印函之間道馳詣軍門爲讒言所阻竟不論
功璋死坎子𡼖襲𡼖從征黎賊卒于軍
田州土官岑氏自以爲漢武陰侯岑彭後不知所
攷其地東抵南寧界西抵泗城界南抵奉議界北
抵東蘭界漢屬交趾唐隸邕州宋始置田州屬邕

州横山寨元置田州路軍民總管府　明興改爲田州府省來安府入焉其山曰邕野山横山其川曰右江萬洞溪洪武元年土官岑伯顔以二路歸附因錫之印世襲伯顔死子堅襲數傳至溥弘治三年思城州土官岑欽泗城州土官岑應攻殺田州共逐之都御史秦紘逐欽以溥歸府溥二子長猇次猛猇以失愛殺溥土目黄驥李蠻共殺猇猛方四歲驥護之赴梧州告襲歸至南寧李蠻遣兵來迎驥恐蠻分已權殺其人蠻率兵繼至驥訴蠻爲變請官護送乃檄思恩知府岑濬以兵衛猛濬

方豪舉驥賂濬挾猛分地界驥北至田州李蠻拒不納驥復以猛奔思恩十一年都御史鄧廷瓚檄濬歸猛濬不從尋以兵徵之濬始釋猛督府納之田州與濬搆釁濬集泗城東蘭州兵陷田州猛走免都御史潘蕃討濬誅之改流官降猛福建平海千户以叅政謝湖掌田州府事猛遷延不行及湖至陳兵自衛挾改府佐湖受餽代請都御史陳金劾之下錦衣逮湖正德初猛賂太監劉瑾矯詔以猛爲田州府同知湖僅降職猛撫遺民兵威復振稍稍侵旁郡自廣復與軍功序遷知府爲軍乃言

督府征調願先鋒而督府旗校至田州者猛率厚賂結驩譽猛者籍甚會江西華林峒賊及都御史陳金檄猛從征猛兵沿途剽掠民皆徙村避之爲之謠曰華林賊來亦得士兵來死不測黄狐跳梁白狐立十家九家邏柴棘頂之賊平金疏猛功稍遷指揮同知猛復恃其兵力凌轢諸峒十三年襲龍州十六年襲泗城州殺土官岑接自是輕視中國糧餉不供嘉靖初思恩府頭目劉召叛參將李璋調猛合攻猛子邦彦逗遛後期以致兵敗遂有譖言都御史盛應期持此恫猛冀墨其貲猛顧出

不遜語應期恚恨疏猛旦暮必反狀請征之未報應期去都御史姚鏌代之鏌雅知猛無反心而鏌子淶亦以書諫請勿征時巡按謝汝儀與鏌有隙廉得淶書誣淶納猛萬金鏌皇恐乃再請征猛遂發兵八萬分道並進猛長子邦彥守工堯隘指揮沈希儀擊斬之諸軍繼入猛懼謀出奔而歸順知州岑璋猛婦翁也其女失愛屏居璋欲藉此報猛乃誘猛走歸順鴆殺之先是猛三子邦彥敗死邦佐出後其族武靖知州邦相亡走邦彥側室子芝稱匿民間姚鏌見岑氏单弱計田州可遂滅乃陳

疏請流官治田州從之未幾土目盧蘇糾思恩土目王受等挾邦相反兩江皆震御史石金劾鏌罔上簒謀利圖田州不可得并思恩失之　上大怒責鏌落職起王守仁總制軍務守仁至蒼梧將諸夷聞先聲皆股栗聽命而守仁顧益韜晦以明年至南寧使人約降蘇受許諾而以精兵二千自衛守仁所愛指揮王佐門客岑伯使人言蘇受以萬金丐命蘇受大恚守仁侍兒知佐等謀夜告守仁守仁達旦不寐使人語蘇受毋信纔言蘇受疑懼未決言來見時必陳兵衛守仁許之蘇受復言軍

門左右祗候須盡易以田州人守仁又許之蘊受入軍門守仁數之論杖一百蘊受不免甲而受之杖杖人又田州人也諸夷從舊莫測守仁意守仁乃上疏言岑氏世效邊功猛獨詿誤觸法誅未伏誅閙已病死治田州非岑氏不可請降田州府爲州治以岑邦相爲判官分設土巡檢以盧蘇等爲之以殺其勢添設田寧府統以流官知府以總其權守仁薨都御史林富及其政上言田州不必再設府治以騷遠夷朝議許之以岑邦相爲判官分設十八土巡檢司以張佑充副總兵鎮其地（一）論

曰田州改流者再而終不能有也正德之季政以賄成不得則激以釀亂得則歆以市恩謝湖莪首令胥人得從中制太阿倒持矣新建晚年厭兵戀逆酋而傒其動伐豈馭夷宜爾耶田寧之設竟不克終議者謂林故與王左噫事固未易言也岑氏世有田州而猛不能守至失其宗祧越在草莽吾中國不權亡繼絕乃欲與思恩並殄之其何以服諸酋當其時岑氏之宗尚熾十八司之勢未分當事者能無却顧哉余所恨者盧蘇再叛弑主神人胥怒而竟縱不問則前日之姑息為之階耳

天下事如持衡然宜輕而重之宜重而輕之任事之難即豪傑且無以自解他又何責哉桉蘊紫溪此論寔與炎徼紀聞相發明

思城州唐時置宋元仍舊　明興因之土官知州岑欽與田州土官岑溥同宗弘治間岑溥被頭目黄明所逼逃之思恩府欽會兵討之誅黄明并其族屬後溥與欽交惡欽攻奪田州府逐岑溥殺五十餘家督臣委官送溥子猇入府復爲欽所遏都御史秦紘檄兵攻之欽走遣官諭之欽死孫桂佩襲弘治末思恩府知府岑濬亂攻田州桂佩援於

濬被誅印失今無襲地爲田州所併

上林縣在田州東三百八十里宋置隸横山寨元屬田州路　明興因焉洪武二年土官黄嵩歸附授世襲知縣以流官典史佐之嵩死子伯慶襲

上隆州在田州城北八十里宋隸横山寨元屬田州路洪武初以知縣岑永通管州事成化間移置

武靖州

泗城州東抵東蘭界西抵上林長官司界南抵田州界北抵永寧州漢屬交趾郡宋置泗城州隸横山寨元屬田州路其山曰迎暉山餞暘山凌雲山

其川曰澄碧水龔淵水洪武初土官岑善忠歸附授世襲知州以流官吏目佐之改隸布政司自宣德七年岑豹襲職桀驁亡狀追逐程縣流官知縣與上林長官司及田州土司相仇殺無已時亦互有勝敗云○論曰泗城廣輪延袤兵力亦勁與慶遠諸州互相雄長然其不善之積且世世矣豹之後有應也應之後有接也至躪田州吞長官甚者以國家之璽章牧伯任其逼且奪而莫之誰何天奪之鑒宜其及已今程縣已廢故址尚存華失其鹿夷競逐之其何震之有聞程之距宜山稍邇

而距泗城甚遠　國初改隸慶遠良非無謂有能舉洪武間故事覈其疆界令入慶郡版圖㸔玆醜夷詎敢睥睨其間哉惜不然矣

安隆長官司東抵泗城界西抵雲南界南抵上林長官司界北抵貴州宣慰司界漢屬交趾郡元爲泗城州地　國朝永樂間置長官司以泗城州土官岑善忠次子子德授長官撫其夷民

上林長官司東北俱抵泗城界西抵安隆長官司界南抵雲南界漢屬交趾郡宋元號上林峒屬泗城州明興因焉其山曰曉稼山累峯嶺永樂間置

長官司以泗城州土官岑豸忠三子子成爲長官撫其夷民程縣在州城東北舊號程丑莊其山曰圓顧山藩籬山其水曰㳒柳水　明興歸附隸泗城州洪武二十一年改爲縣編户一里後改屬慶遠府尋復隸泗城州改流官知縣正統間爲岑豹所逼棄官遁去典史攝印旋亦罹害豹遂奪其印呑併縣治事聞屢遣官督之歷岑應岑接父子凡七十餘年不服嘉靖元年接爲諸州土官攻殺督府遣官按問徵縣印貯於公帑以俟處分今僅存荒土洞城南丹那地俱欲爭之時治兵相攻云

奉議州東西北俱抵田州界南抵鎮安界漢屬交趾宋置州初屬靜江軍節度使後屬廣西經畧安撫司元屬廣西兩江道宣慰司洪武五年省入來安府七年復置其山曰石門山㴑沙山其川曰右江流至南寧與左江合○論曰奉議一彈丸耳三面交迫田州南界鎮安其勢甚慼顧置衛銓官時而罷時而設豈非欲中斷田鎮以伐其謀耶夫以蕞爾一漚椌二雄邦非藉内地無以爲重故直隷藩封如宋元故事非無意也今土官殄世判官掌其事者百餘年豈一尺組能制夷人之命官則漢

官制則夷制因俗而理易相安耳夫以華治夷至數更牧守而未定以夷治夷卽一判官而有餘此亦制馭之術也

向武州東抵田州界西抵鎮安界南抵鎮遠州界漢屬交趾郡置州隸橫山寨元隸田州路其山曰馬鞍山武城山其川曰枯榕江入于右江洪武二年土官黃志威歸附授世襲知州○富勞縣在州北三十里元置隸向武州　明興洪武間爲蠻獠所據三十五年復置仍隸向武州永樂初省武林入焉其山曰塘濱山坡州山

都康州東南抵龍英界西抵鎮安界北抵向武界其山曰邕望山其川曰邕爐江漢屬交趾宋置州隸横山寨元屬田州路以土官馮姓者爲酋長洪武初夷獠作亂據州馮原保出奔尋撫還其子進福以安集民後置州以進福子斌世襲知州設流官吏目焉○思恩府九司嘉靖六年新建伯王守仁撫叛目既平思恩議設九司廵簡以分領之○興隆司在府北六十里廵簡韋貴嘉靖七年授冠帶理司事共地視諸司獨廣○那馬司在府北五十里廵簡韋顯嘉靖七年授職關故絕以白山司

頭目黄理署司事理故子黄暘由府學廪膳襲以
征南贛功陞授指揮僉事暘故子如金襲如金告
休子中選由府學生員襲○白山司在府北六十
里巡簡王受故爲思恩亂酋新建伯曲貸之且受
其職及其子孫○定羅司在府西一百三十里巡
簡徐吾嘉靖七年授職○舊城司在府西北一百
五十里巡簡黄石嘉靖七年授職○下旺司在府
東北七十里巡簡韋文明嘉靖七年授職○安定
司在府東北三百二十里巡簡潘良嘉靖七年授
職○都陽司在府西北一百五十里巡簡王那嘉

靖七年授職畱故絶以頭目黄維署司事（古零
司在府東八十里廵檢覃韋嘉靖七年授職益故
千支綱由府庠生襲支縣告休子桂由府庠生納
例授副千户未襲子大欽襲攝司事

廣西名勝志卷之十

閩中曹學佺能始撰

左江土司

潯州府轄　武靖州舊爲上隆州

南寧府轄　歸德州　果化州　下雷州　忠州

太平府轄　太平州　思城州　安平州　萬承州　上下凍州　鎮遠州　都結州　全茗州

茗盈州　思同州　龍英州　結安州　佶倫州

思明州　羅陽縣　陀陵縣

直隸布政司　思明府　下石西州　江州　羅

白縣　利州　思陵州　龍州　憑祥州

武靖州在潯州府城西三十五里地名碧灘成化三年總督韓雍以其地爲藤峽要害立州治時上隆州土官岑鐸犯大辟下獄奏宥其罪遷其部兵二千人世掌武靖州事設流官吏目一員尋復移置崇姜大宣二里間爲蓼水北岸乃紫荊竹踏梅嶺大中諸山要路也地廣土沃袤連大同鵬化足以控制諸蠻岑鐸死子玘無嗣部兵漸散正德十六年議以田州府岑猛次子邦佐繼之時僅有部兵五十人嘉靖五年猛亂安置邦佐漳州七年總

督王守仁撫平田州奏復邦佐知州事邦佐並無忌憚占管狼家為部落役踵朘慫嗾諸猺攻陷營壘目兵死者二百餘人與左副使翁萬達參議田汝成言之督府數邦佐諸罪狀謂宜逮治削職以武靖州改為武靖千戶所推賢能軍職一人掌管以平南桂平貴縣三縣狼家屬之提調編為保甲其於討便督府不從按今邦佐之嗣已絕潯州府通判權知州事狼兵歸之桂平平南貴三縣俱如翁田二公議

歸德州在南寧府城西一百五十里東西北三面

朱道栄

俱抵思恩界南抵隆安界宋熙寧中置隸邕州元
爲田州路洪武二年土官黄隍城歸附授知州以
流官吏目佐之
果化州在府城西北四百餘里東抵隆安界西抵
上林界南抵太平界北抵思恩界宋始開置果化
州隸邕州元屬田州路洪武二年土官趙榮歸附
授世襲知州以流官吏目佐之按已上二州俱弘
治間爲田州所侵據因改隸南寧
忠州在府極西宋建隸邕州元屬思明路明興因
之土官黄姓其先江州之族有黄威慶者率子中

謹歸附授威慶江州中謹忠州各世襲知州該流官同知吏目佐之數傳至黃賢相先是有四峒者介于南寧思明忠江兩州之間思明忠州屢肆占奪嘉靖間副使翁萬達議改峒名四都隸南寧地方稍定隆慶三年冬思明府土官黃承祖奏取四都地賢相遂爭之擅立總管諸名目分兵數千戍守因縱令剽掠村落爲禍甚烈僉事譚惟鼎謀之方伯郭應聘應聘曰是可間取也永康縣典史李材者有謀畧時署遷隆寨巡簡隣忠州惟鼎屬之以寨人單惠內及材子夢辰潛入州中數往來留

易盡得其親近狀懸重賞間之其部下頭目傚恩
蒙裕葦苦賢相虐願內應惟鼎畧爲手書諭二十
四村及四寨頭目程秀等令號召鄉兵擒獻賢相
諸所蓄積金穀器物悉聽自取而遷隆峒土官黃
一元者素善賢相惟鼎度賢相必求救一元責之
尤謹計既定惟鼎令材等集兵三千有奇擁迫近
地內兵遥望之以爲官兵至爭取財寶馬匹四散
遁去賢相勢窮挈印奔四寨四寨村老就賢相語
曰官家逮汝甚急當詣官聽理賢欷歔泣下自取
孔雀血入酒飲不死材督諸鄉兵追至會黃一元

兵亦至遂擒賢相及州印以督備指揮吴世勳鎮
四都都民復業如故賢相斃于獄議設流官不果
督府奏以州屬南寧令州印給賢相子有瀚襲
下雷州在郡極西東抵龍英界西抵交趾界南抵
安平界北抵湖潤寨宋元爲下雷州　明與印失
廢州爲峒在湖潤寨屬鎮安府至峒長許永通調
征有功始給冠帶傳許世烈許國仁繼襲峒事嘉
靖十四年得獲舊印國仁子宗蔭襲宗蔭父子屢
立戦功四十三年改屬南寧府宗蔭死子應珪襲
萬曆十八年以地逼交南奏陞下雷州降印授應

珪土判官設流官吏目佐之

太平州在太平府治西北八十里東抵左州界南抵崇善界西抵安平界北抵養利界舊名鄱陽爲西原農峒地唐爲波州地宋置州隸太平寨元隸太平路我　明因焉其山則坡高龍蟠板棧巖傍其水則有邏水隴水教水皆入左江洪武元年土官李以忠納土歸附授本州知州設流官吏目佐之

思城州在府治西北一百里東抵養利界南抵太平界西抵安平界北抵下雷州界亦西原農峒地

也唐置州隷邕州宋分爲上思城下思城二州隷太平寨元至正間仍併爲一州　明興因焉其山有芭臼山龍紋山隴馬山晉屠山弄限山其川曰流水入于左江洪武元年州酋長趙雄傑歸附授世襲知州以流官吏目佐之

安平州在府治西北一百里西抵龍州界東抵思城界南抵太平界北抵交趾界舊名安山爲西原農峒地唐置波州宋皇祐間析爲安平州隷太平寨元隷太平路　明興因焉其山曰顯山星山養山幘山其川曰大水小水合流入于左江洪武初

土官李郭祐歸附授世襲知州以流官吏目佐之
萬承州在府治東北一百五十里東抵養利界西
抵龍英界南抵思同界北抵陀陵界舊名萬陽爲
唐置萬承萬形二州隸邕州宋省萬形入焉隸太
平寨元隸太平路我　朝因之其山曰馬安山香
壽山連山武安峒其川曰綠降水㳍黎水合流入
于左江洪武初土官許郭安歸附授世襲知州流
官吏目佐之永樂間征交阯死于軍子永誠襲
上下凍州在府治西二百二十里東北抵龍州界
西南抵交趾界舊名凍江宋置凍州隸太平寨元

分上東下凍二州隷太平路尋合爲一隷龍州
明興隷府其山曰青蓮山八峯山拱嶺山其川曰
大源水流入左江洪武元年土官趙帖從歸附錫
印授世襲知州以流官吏目佐之帖從死子福瑀
襲永樂四年征交趾死于軍
鎮遠州在府治東北二百八十里東抵佶倫界西
抵向武界南抵結安界北抵果化界舊名古隴宋
置州隷邕州元隷太平路　明興因焉其山曰筆
架山天馬山洪武初土官趙勝昌歸附授世襲知
州以流官吏目佐之

都結州在府治東北三百三十里土官農姓洪武初内附授世襲知州設流官佐貳與鎮遠等州例同

全茗州在府治北一百六十里東抵茗盈界西抵龍英界南抵龍州界北抵萬承界舊名連岡爲西原地宋置隸邕州元隸太平路　明與因焉其山曰端坐山獅子山其川曰澗水入于左江洪武初土官李添慶歸附授知州以流官吏目佐之

茗盈州在府治北一百六十里西抵全茗界南抵養利界東抵萬承界宋置隸邕州元隸太平路

明興因焉其山曰帽山獅山其川曰淵水入于左
江洪武初土官李鐵釘歸附授世襲知州以流官
吏目佐之
思同州在府治東二百里東南抵羅陽界西抵萬
承界北抵永康界舊名永寧爲西原地唐置隸邕
州宋隸太平寨隸太平路　明興因焉其山曰明
山中有巖相通曰敦厚山馬鞍山金星山壽桃峯
又曰頓笏峯以其形似笏云其川曰緑零水入于
左江洪武元年黄克嗣歸附授世襲知州以流官
吏目佐之

覃大

龍英州在府治北二百一十里東抵養利界西抵上映峒界南抵交趾界北抵向武界舊名英山宋爲峒元爲州隸太平路　明興因焉其山曰筆架山巖山其川曰通利江源有三合流入左江洪武元年土官李世賢歸附授世襲知州割上懷州地入其版圖以流官吏目佐之

結安州在府治東北二百二十里東抵都結界西抵鎮遠界南抵龍英界北抵佶倫界舊名營周爲西原農峒地宋置結安峒隸太平寨元改爲州隸太平路　明興因焉其山曰石人山石牛山其川

曰堰水流入左江洪武元年土官張仕榮歸附授

世襲知州以流官吏目佐之

佶倫州在府治東北二百三十里東抵都結界西

南抵結安界北抵鎮遠界舊名那𠡠爲西原農峒

地宋置安峒隸太平寨元建爲州隸太平路　明

興因焉其山曰倚坐山其川曰㖘甲水流入左江

洪武元年峒長馮萬傑歸附授世襲知州流官吏

目佐之

思明州東抵思明府西抵交趾界南抵西平州界

北抵龍英州界宋置州屬太平寨元屬思明路其

山曰逐象山其川曰太子泉土官黄姓與思明府同族洪武黄鈞壽歸附授世襲知州屬思明府後因黄竑煽亂改屬太平○論曰黄竑弑殺逆身逭大憝世濟其兇而傳及四世猶併思明州爲府之王法幾以不振矣阿失其柄馭委其銜甚者爲其餌而陰庇其私尚可謂中國有人乎承祖雖有罪然思明州故其屬也爭地以戕上下相夷乃削土官之地畀其爭奪之下邑體統已紊彼安能俛首而甘心者始謀不慎反以釀爭悲夫竑事詳思明府下

羅陽縣在府治東二百里東抵新寧界西抵陀陵縣界南抵大江界北抵宣化縣界舊名福利爲峒原峒地宋置隸遷隆寨元隸太平路　明興因焉其山曰青山白虎山其川曰馱排江入左江洪武初土官黃宣歸附授世襲知縣以流官典史佐之

陀陵縣在府治東一百四十里東抵羅陽縣界西抵養利界南抵大江界北抵思同界舊名駱陀爲西原農峒地宋置隸古萬寨元隸太平路　明興因焉其山曰淥涳山那寔山駝陀山其川曰淵水入左江洪武初土官黃富歸附授世襲知縣以流

謝九

官典史佐之
思明府古百粤地東抵廣東欽州界西抵交趾界南抵思陵州界北抵江州界漢屬交趾郡唐置思明州隸邕州宋隸永平寨元改思明路其山曰圖關曰鳳門嶺摩天嶺其川曰明江有土官黃忽都者為思明總管洪武元年忽都歸附詔改思明路為府鍚印授世襲知府設流官同知佐之子廣平襲廣平死無嗣弟廣成襲廣成死子瑠襲其庶兄琮亦以捍禦功累遷都指揮使守潯州景泰間瑠老以庶子鈞襲嫡子鉢怨間計於琮琮欲因而奪

之遣子震僞徵兵於思明夜襲堈鈞殺之歸報於
鈞已而又圖奪嫡都御史李棠誘玹鈞執之震與
子紹奔龍州鈞死於獄郡人立鈞子道襲玹度不
得免時　純皇帝在東宮　景皇帝有子曰見濟
玹遣人入京先賂用事者乃具奏請立見濟爲皇
太子　景帝大悅時藤峽賊方熾尚書于謙奏令
玹赴軍前討賊立功玹以功進都督未幾　英皇
復辟玹自殺命發棺鞭其屍成化年間總督韓雍
捕震誅之○炎徼紀聞云至今人言易儲事謂肅
愍公卷舌而不諫殆有甚焉而其子孫作家狀亦

云景皇帝大漸時肅愍草疏請復辟欲上而不果
是殆爲其祖父文過語正不當以也肅愍豈其憒
耶所見或有一道焉第大學士陳循因吏酋之議
而承以爲功肅愍不爲開陳大體何也其後鍾御
史同章儀制綸廖少卿莊相繼請復儲被杖瀕死
目之遺烈可勝誅哉

下石西州在思明府治西宋分石西州置屬永平
寨元屬思明路洪武二年土官閉賢歸附授世
襲知州以流官吏目佐之

江州古百粤地東抵忠州界西抵龍州界南抵思

明府界北抵太平府界漢屬交趾號江陽宋置江州隸古萬寨元屬思明路　明興因焉其山曰波漢汕其川曰綠眉水歸安水入于左江土官黄威慶歸附授世襲知州以流官吏目佐之改直隸布政司（）羅白縣在江州治東北宋建屬遷隆寨元屬江州其山曰羅高山其川曰隴東水流入左江洪武初土官梁敬賓歸附授世襲知縣敬賓死子復昌襲永樂間從征交南被陷子福里襲

利州古百粤地東抵泗城界西抵安隆界南抵田州界北抵永寧州界漢屬交趾號陂麗莊宋建利

州隷橫山寨元因焉其山曰白鹿山其川曰陜麗水濛泓水土官岑姓者洪武初納款授知州以流官吏目佐之隷布政司正統間知州岑顏奏本州地二十五里泗城知州岑豹興兵攻占勑廣西總兵官柳溥等及三司御史親詣其地諭以利害令悉還所侵豹不奉命顏復請于朝第行鎮官開諭耳豹終不悛攻殺岑顏及其子得奪去州印遂以流官判官管州事數十年間屢經諸司劾奏移檄遣官督追歷岑應岑椄二世如故嘉靖二年田州歸順那地土官岑猛等興兵攻泗城破其州擒岑

接殺之督府遣官按問追出州印散其宗枝無可
據者印發賓州貯庫地方兵民歸併泗城州
龍州古百粤地東抵太平府界西抵上下凍州南
抵思明府北抵安平其山曰馬傾山曰秀嶺其川
曰龍江漢屬交趾宋置龍州隷太平寨元大德中
陞州爲萬户府洪武初土官趙帖堅歸附授世襲
知州以流官吏目佐之帖堅死無嗣姪宗壽襲已
而鄭國公常茂以罪謫龍州納帖堅女爲妾擅州
事茂病卒宗壽以聞有人告茂匿龍州未死者詔
總兵官楊文征之宗壽赴闕伏罪遂罷征宗壽死

子景昇襲景昇死無嗣以叔仁政襲仁政死子南傑襲南傑死子源襲源死無子庶兄浦有二子長相次楷相當立楷妬之謀岑氏以僕人常隊子璋詭云遺腹而岑氏兄子猛方熾楷遂奏言璋實源子當立爲相所篡事下督府未決璋賂鎮守太監傅倫舍人王祥詭云有制猛僞檄調兵二萬人送璋入龍州左江大震相挈印奔兒村都御史楊旦討璋猛殺之相乃歸相二子長燧次寳相枝栅寳亦枝栅相絕愛之曰肖我當立猛乃以寳去是爲奴嘉靖元年相死州人立燧楷弑之州人立其族弟

爰時王守仁提督兩廣幕客岑伯高牵用事楷賂伯高言爰非趙氏裔當立者楷也遣上思知州黄熊兆叢之熊兆黨伯高言楷當立以州印畀楷楷遂殺爰大亂州目黄安等潛徃田州購寶寶時為奴楊布家十三年矣安等行百金購得之言之督府都御史林富謂楷勢已張毋持之急乃令楷攝職俟寶長讓之楷復時時謀殺寶富諭楷令以印還寶寶謝以五千金益以腴田三十一村楷計寶弱易與不如徼厚利而徐圖之遂聽命楷復求商璋之子應育之令徃來寶所寶妻黄氏思明府土

官黄朝女也貳於寶而與應通應乃厚結州目及
遣人向武州乞兵自樹寶日荒悍刑效男子王良
爲閽楷知良恨寶激使内應良許之楷以千人夜
至寶寢門呼良良開門納楷兵執寶寢所斬之以
他盜聞應以兵千人禁檎州治并結黄朝自援都
御史蔡經謀副使翁萬達圖之萬達謂楷狙詐不
可速圖第應巽愞寡慮可旦夕擒斷其中堅然後
可次第獲督府善之萬達行部至太平使人以他
事召黄朝諭之計論應論死時諸言楷事者故不
爲理州人大譁萬達愈厚楷時時稱楷勇冠軍可

當一面楷信之遂統精兵千人詣萬達言狀并以三十一村地獻萬達留語守日楷寢慰弛不爲備部兵多以乏糧遣歸萬達召楷及州目鄧瑀等入見伏壯士劫之曰汝罪滔天宜自爲計楷死官必及汝子可爲書諭汝黨勿亂楷自分必死乃爲書諭其黨曰業已如此亂無益也可善輔我子以存趙萬達即杖楷斃之以楷書諭其州人時楷子匡時生四年矣立之一州悉定乃以十三村還龍州十八村隸崇善縣○論曰桉永樂間三將軍問罪安南由龍州憑祥用栀交人之吭最後安南納

款叩關謝罪纍纍請命則二州固中國之藩籬亦
人交之門户也黎賊父子血染劍鋒莫氏主臣面
縛道左州無老少能傳其事至于今爲烈哉州與
交人小有反唇莫不盛舉英國之問罪司馬之受
降用以屈伏其口彼亦北望鎮南之關如在天上
豈金湯之是憑殆文武之繄賴耳登昭德之臺者
其有遐思哉

藤瀘土司志總序曰兩江谿洞舊爲荒服唐太宗
時諸夷内屬始置羈縻州縣隸於都督府以其首
領刺史宋參唐制析其種落大者爲州小者爲縣

又小者爲峒推其雄者爲首領籍民爲壯丁以藩
籬內郡其酋皆世襲分隸諸寨總隸於提舉元豐
以後峒酋多寄內地納衆授大小使臣或敢詣闕
陳利害至借補閤職與帥抗禮爲招馬官者尤與
縣相狎子弟有入邕州應舉者招游士多誘耳目
州縣文移未下已先知之輿騎居室服食擬于公
侯其州縣雖曰羈縻然租税不供威令不行寨官
非惟墮不舉職且日走峒帥之門握手爲市即提
舉亦不復威重與之交關通腑其間有自愛稍欲
振厲諸峒必共汙染之使以罪去甚則酖焉故曰

黷貨則玩玩則無震非虛言已元以左右兩江羈
縻州縣俱屬南寧帥府分司管轄而上下相通姑
息尤甚我　朝受命兩江土酋東浙交關西緣牂
牁際滇之廣南莫不納土歸款願貢方物恐後
朝廷第因舊疆稍稍增省置名府州縣其長吏令
世世相傳諸佐與屬並爲銓才郡有丞州有目制
絕者始以流官代焉大都矜彼歸正恢我包荒納
土則受請示則遣令無煩覊縻勿絕而已間有
調發勝兵奉檄連伍解嚴還部輕者賚文襁重者
錫冠裳願屯種者予之膏腴且耕且守所以馭諸

營之法其約束甚堅而綏柔亦備至矣間有桀驁不逞跳梁繩墨猶諄諄文告待其不悛然後加兵始以岑氏論如思恩之潯田州之猛泗城州之應及授不數年相繼夷滅甚則覆其宗殄其子孫矣夫夷俗剽悍如鷙鳥狼急則相擊爭則相噬天性固然但彼旣授籍纓撫爵土力足以崇生殖財足以修上供養尊處優令諸部落莫敢卬視彼亦視中國之子奪爲戚析祭辱豈顧其子若孫中道而殄哉故華以夷爲監亦自相監此前事之師巳願議者謂太平諸夷土陋而兵微一有不逞可更而

刘加首

置其勢甚易若思明田州諸司封疆裹於內地土馬雄於近郊其制馭甚難欲稍倣賈生衆建之議因其勢而瓜分之斯不亦標覆㦲然而未易言也西南土司與交州爲隣交人所以俛首頓顙不敢窺內地者以土酋兵力之强足制其死命也若自弱其兵輕撤其障恐中國之邊患有甚於土司矣夫夷無常順亦無常逆惟視吾馭之何若余觀往牒 國初諸土官奉約束一徵召惟恐不前正統以後浸淫桀驁視文告若土苴則馭之得失異也國初以重典懲貪人人重自愛故威令易行其後

吏道雜而多端中消武弁試土官爲外府而墨吏以漁人收之郎襲一職進一階未有不以賄行者故土酋亦輕中國視若無人微發不以時至擅自攻殺無虛日我一有警又不得已藉之爲聲援我日益弱夷日益横如奉驕子養潰癰欲其不决裂不可得已昔胡端敏守太平而諸土酋畏之若神明愛之若慈母則馭之道得也夫豈獨太平然哉

廣西名勝志之十 終